LA

CON$PIRACIÓN DEL

DATO

Jorge Sanz Moraleda

Dedicado:

A mi mujer Nuria, quien arranca mi primera sonrisa cada mañana y llena los días de comprensión, felicidad y cariño.

A mis hijos Macarena, Lydia y David, a los que admiro, amo de manera infinita y quienes bombean fuertemente mi corazón con su cariño, su esfuerzo, nobleza y simpatía.

A mi padre Juan José, por ser un ejemplo de bondad y ayuda.

A mi madre Manoli, que descansa plácidamente y me observa cada día. Una luchadora contra su delicada salud que me da fuerzas para superar las adversidades.

A mi suegra Chari, por su esfuerzo y dedicación hacia su familia.

A mi suegro Isidoro, por sus constantes palabras de ánimo y agradecimiento hacia todos nosotros. Por su soporte desinteresado y ayuda hacia mi familia.

A Rosi, David y Ricardo, por el cuidado lleno de amor y cariño a sus padres.

A mis sobrinos Eric, Adrián y Darío, que llenan de alegría nuestras vacaciones estivales.

A Marisol, David y Ricardo, por su hospitalidad y hacer de sus casas un hogar de alegría.

A Alberto de Andrés, por hacerme extraordinariamente feliz con sus buenas noticias y su amistad.

Antes de comenzar

Soy uno de los que desobedecieron a su madre al segundo de nacer, pero este no es el tema principal de este pequeño libro, este asunto quizás será parte de mis memorias.

Afortunadamente mis padres decidieron llamarme Jorge. Y digo afortunadamente ya que pensaron otro nombre, pero por respeto a quienes se llaman así y a la ley de protección de datos (GDPR), no lo voy a desvelar.

Hace años que dejé España, el país que amo, donde nací, viví y trabajé durante varios años. Fue entonces, viviendo en el extranjero, cuando descubrí lo difícil que era pronunciar Jorge para muchas personas. Para muchos soy George, Joge, yoryi, oge. Además, descubrí el primer error de calidad de datos sobre mi nombre, mi primer apellido se asignaba al *middle name*. Este error, a veces, tiene un gran impacto cuando tienes que interactuar con bancos, compañías de la luz, el agua, teléfonos, …

Volviendo a la pronunciación, tú, mi querido lector, pronúncialo como puedas, pero no te molestes si no soy capaz de articular el tuyo correctamente y olvidarlo en menos de un minuto. La memoria no es lo mío.

Dejando a un lado mi nombre, te diré que, obligado por las circunstancias y el destino, el mundo de los datos y la Inteligencia Artificial es una de mis pasiones.

Mi pasión empezó gracias a esa bendita carta recibida y escrita por la universidad. Estudié lo que el destino me deparó, y accedí a un trabajo de consultoría relacionado con *Business Intelligence*, estadísticas, datos y tecnología. Quién iba a pensar que la Inteligencia Artificial sería algo tan maravilloso y los datos algo tan importante y fundamental para todo el planeta.

Mi formación, experiencia y locura me ayudó a escribir mi primera novela de ficción y policiaca llamada *Hainds y la Mente Cuántica* en la versión española o *Hainds and the Quantum Mind* en la versión inglesa. Un aviso a navegantes, por más que busquéis en el texto, no hay ningún *spolier*. Si quieres saber los detalles de la trama te aconsejo comprarlo. Además, me haces un gran favor. Me ayudará a financiar la película y todo el *merchandasing* que tengo preparado con máscaras en 3D, camisetas, dibujos, NFTs, ...

Quiero decirte que soy una persona muy inquieta, me divierto practicando deporte, cocinando, haciendo ilustraciones, animaciones y comiendo. Me encanta comer y disfrutar con mi familia. Cuando vamos a ir de vacaciones a España, estamos pensando durante los dos meses anteriores que es lo que comeremos, la última vez que estuve engordé 5 kilos en cuatro semanas. Los churros, la paella, la siesta y otros manjares fueron los culpables, yo no por supuesto.

Ahora en este párrafo, voy a darme un poquito más de publicidad gratuita. Quiero deciros que llevo muchos años colaborando con organizaciones para que puedan tomar buenas decisiones y creen futuras soluciones basadas en Inteligencia Artificial. Empecé creando *dashboards* y *scorecards* en MS-DOS, antes que apareciera el sistema operativo Windows. Si, soy un chaval y me siento un chaval. Un locatis que se disfraza y va a al *COMIC CON* de *Abu Dhabi*. Un ilustrador en su tiempo libre, un motivador, que aprovecha la oportunidad de tener un stand en la feria internacional del libro de Abu Dhabi para animar a las personas a que hagan realidad sus ideas y sus sueños. Quiero aprovechar y dar las gracias al Departamento de Cultura y Turismo de Abu Dhabi por facilitarme el stand donde pude promover el arte de la escritura y el diseño digital.

He mencionado el término colaborando porque la colaboración asegura el éxito y en mi camino me he encontrado fracasos debido a la falta de colaboración, el ego y la falta de conocimiento de las personas. Personas con poder, mucho poder, poder para conspirar con los datos.

Soy una persona que me gusta escuchar a los demás, debatir, que me convenzan y convencer. Adoro los argumentos basados en la experiencia y el conocimiento. Me duele escuchar a las personas que solo quieren hacerse notar, carecen de conocimiento y a las pelotas. Me apasiona oír a las personas con muchos años de experiencia, los respeto enormemente y me entristece ver a los que no los escuchan, que solo se escuchan a sí mismos o lo que les dice la Inteligencia Artificial. Lo de la Inteligencia Artificial lo menciono por algo de lo que he sido testigo recientemente con una de esas personas con poder.

Adoro saber, innovar, conectar los procesos, las personas, la tecnología y ahora el dato. Me gusta leer muchos libros relacionados con mi trabajo. Los que más me gustan son aquellos que se basan en casos reales, en experiencias vividas.

Espero que el contenido de este libro ayude a muchas personas y organizaciones. Que valoren lo importante que es el mundo del dato y que eviten a los conspiradores del dato.

Espero que este libro nos invite a reflexionar, que provoque una revolución a todos los niveles. Una revolución que a través de un buen gobierno y gestión del dato, elimine cualquier con$piración y se produzca una in$piración, la in$piración del Dato.

Me pareció interesante escribirlo en forma de novela, para que sea más sencillo de leer y espero que vuestros comentarios me lo confirmen.

Me encantaría que llegase a todos los niveles. Que los CEOs se conciencien de la verdad, del caos que existe y que muchos de los problemas del dato se pueden evitar. Me encantaría acabar con el problema que tienen muchas organizaciones donde es políticamente incorrecto hablar de los errores alrededor del dato. Los errores de los datos se deben conocer y erradicar.

Ahora más que nunca, con la era de la digitalización y la Inteligencia Artificial, es crucial tener unos datos robustos, creíbles, rápidos, unificados, protegidos y al amparo de las leyes y las regulaciones tanto nacionales como internacionales.

He querido contar algunos de los conceptos alrededor del dato de una forma diferente y fácil de entender. No deseaba aburriros con un libro técnico lleno de diagramas, de conceptos que no he inventado y que los puedes encontrar en muchos libros, websites, blogs, ...Preferí incluir los mensajes y los conceptos en una historia imaginaria, la historia de una familia que posee un poderoso imperio y que debe decidir el sucesor de su dueña Doña Emma. Doña Emma lo arriesgará todo, dejará su imperio en manos de uno de sus dos hijos.

Espero que durante la trama, aprendas los conceptos que son vitales en el área de los datos y como dos estrategias diferentes darán resultados distintos.

Deciros que cualquier parecido con la realidad es pura coincidencia, pero es posible que te resulten familiares algunas partes de cada historia. Créeme, llevo más de 25 años en esto y siempre veo que el éxito viene de la misma forma, proviene de la ambición, visión, estrategia, colaboración, gobierno, presupuesto, cultura y dejar los miedos al fracaso y la cochina política de empresa.

Por último, deciros que no nos queda otro remedio que aceptar que LOS DATOS son LOS DATOS, son como son y es lo que hay. No conspires con LOS DATOS.

Prólogo

Eran las nueve de la noche del último día del mes de enero. Las luces del último piso de un importante edificio en Madrid continuaban encendidas. En un gran despacho, los majestuosos ojos verdes de un rostro suave y brillante revisaban los últimos resultados financieros del año. La sonrisa en los labios de color rojo de una mujer de éxito, poderosa y muy trabajadora, revelaba el éxito de una estrategia empresarial muy bien pensada, diseñada y ejecutada durante los últimos años.

—Doña Emma, parece que los números son de su agrado —dijo un hombre delgado, de tez morena, ojos oscuros, cejas pobladas y pelo blanco. Los surcos provocados por la edad conectaban la piel de su afable cara. Vestía con un traje a medida, elegante, oscuro, con camisa blanca, una corbata a juego y gemelos de oro como reconocimiento a sus más de 50 años de trabajo en el grupo.

—Así es Ismael, los resultados son excelentes. Los mejores de toda nuestra historia, especialmente los de nuestras dos compañías estrella —dijo Emma con su voz afable, su sonrisa amable y su brillante mirada dirigida a su fiel compañero.

Emma miró el único cuadro del despacho. El cuadro mostraba un hombre, una mujer y dos niños. Una pintura familiar realizada por uno de los mejores retratistas del país hace unas décadas, cuando su marido vivía.

—Mi estimado Ismael, mañana me gustaría reunirme con mis hijos. Llevo mucho tiempo madurando la idea de retirarme. Creo que es el momento adecuado de dejárselo todo a uno de ellos y ya sabes quién es mi ojito derecho para los negocios. Mañana cambiarán las cosas, te aseguro que van a competir duro entre los dos. ¿Puedes encargarte de convocar una reunión con todos nosotros a las 16:00? —preguntó Emma.

—Así lo hare doña Emma.

Ismael abandonó el despacho. Doña Emma esbozó una

sonrisa y observó con detenimiento el cuadro. Sabía que al día siguiente se produciría el gran cambio, un cambio que podría afectar profundamente las relaciones familiares.

Conceptos a considerar

Todas las organizaciones usan indicadores para analizar sus resultados y tomar decisiones. Muchas organizaciones definen como KPIs a todas las métricas e indicadores. Esto quiere decir que todas las métricas son indicadores claves de negocio, lo cual difiere de lo que opinan muchos expertos en esta área.

Existe una gran literatura al respecto, hace tiempo leí el libro *Key Performance Indicators* de David Parmenter. Sinceramente me aporto un punto de vista diferente a la hora de definir los KPIs.

Me llamó la atención que clasificase los indicadores en cuatro tipos KPIs *key performance indicators*, KRIs *key results indicators*, PIs *performance indicators* y RIs *results indicators*.

David considera que un KPI debe tener 7 características. Por ejemplo, una de estas características es que un KPI no debe ser financiero. Además, basado en sus estudios y análisis, revela que una organización solo necesita alrededor de 10 KPIs, 10 KRIs, 80 PIs y RIs.

Para asegurar el éxito de un proyecto de implementación de KPIs, Dean Spitzer indica que solo se logrará, cuando el CEO esté preparado y concienciado del impacto de esta metodología de valoración del rendimiento de la organización.

Para terminar, hay excelentes fabricantes de software y empresas de consultoría especializadas en la definición e implementación de métricas, cuadro de mandos e informes.

Ahora, las grandes preguntas que debemos hacernos son: ¿nos creemos los indicadores clave de nuestra organización?, ¿existen errores de manipulación de los datos? ¿podemos pensar que existe una con$piración de los datos?

Capítulo 1

La necesidad del cambio

Son las 15:58, los cristales de la sala de juntas mostraban como el llanto de unas nubes grises, empapaban los edificios de una ciudad que hoy, no invitó a pasear. En ella, dos personas reían y comentaban el resultado del partido al que asistieron el domingo. Los adultos recordaron con agrado los canapés que comieron en el palco VIP de la empresa para la que trabajan.

—Me encanta veros así —dijo una mujer que entró en la sala acompañada por Ismael. Los dos hombres se levantaron y la besaron en la mejilla.

—Sentaros en frente mía hijos, quiero ver esas caras tan guapas que tanto me alegran el día —dijo doña Emma.

Sus hijos se miraron contrariados y accedieron a la petición de su madre.

—Mis queridos hijos no me andaré con rodeos, os he convocado hoy para daros una noticia importante. Creo que es el momento de dar un giro a mi vida y disfrutar de lo que me queda, quiero viajar, leer y sobre todo relajarme. Deseo ver como este imperio progresa en un nuevo entorno y crece con nuevas ideas. Llevo mucho tiempo madurando la idea y he definido mis expectativas de la siguiente manera:

—Primero quiero que os hagáis cargo de las joyas de la corona, como sabéis *The Elite Chocolate* y *Luxury Chocolates* han dado unos beneficios por encima de los objetivos, tu Samuel serás el CEO de *The Elite* y tu Hugo lo serás de *Luxury Chocolates* —dijo Emma mientras su mano derecha, seleccionaba un bombón de una de las bandejas de plata.

Hugo esbozó una imperceptible y fugaz sonrisa mientras Samuel se mostraba contrariado.

—¿Estás segura mamá?, no te veo dejando lo que creaste con papá, pero creo que es lo mejor para que descanses y rompas con este ritmo de trabajo de 14 horas diarias —dijo Samuel.

—Mi querido Samuel no te preocupes, te aseguro que me voy a divertir muchísimo —respondió Emma mostrando una amplia sonrisa.

Ismael la miró sin mostrar ningún gesto, la conoce muy bien, sabe que tiene una estrategia muy bien diseñada y como medirá su eficacia. Tiene oídos y ojos en todas partes, nadie sabe cómo, pero se entera de todo, es una mujer muy astuta y con una grandísima experiencia.

—Deseo que vuestras empresas crezcan en el apartado de beneficios, valor de marca, reduzcan costes, manejen bien los riesgos, cumplan con las leyes y sobre todo que innoven —dijo Emma con una sonrisa.

Hugo y Samuel miraron a su madre de muy diferente manera uno sonriente y el otro muy confuso.

—El que supere al otro será el dueño absoluto de *Burney's Holding*, el que pierda no podrá jamás trabajar para ninguna de las empresas del grupo y tendrá que vivir conmigo el resto de su vida. Su familia, si es que un día la tiene, también —dijo Emma.

— Morderás el polvo Samuel, te voy a ganar y volverás a vivir con la bruja —le susurró Hugo en voz baja.

<u>Conceptos a considerar</u>

Hace años cuando estudié mi MBA, me llamó mucho la atención un profesor que comentó que las empresas vivían un entorno de cambio y de competencia feroz.

Argumentaba, que hace años, las empresas no sufrían de unas fuerzas externas tan poderosas que pudiesen provocar pérdidas en un periodo corto en el tiempo.

Por eso en mi opinión, las estrategias del dato se deben crear rápidamente y con urgencia en las empresas que no las tienen, pero la realidad es que no es así. Muchos lideres hablan de la Inteligencia Artificial como algo que les va a solucionar muchos problemas y les hará crecer rápidamente. Muchos también se refieren a ser *data driven organizations*, pero no saben lo que significa.

Las empresas deben alinear su estrategia con la estrategia del dato, pensar que el dato es un activo de la empresa y valorarlo como tal. Además, deberán definir y construir soluciones que incluyan cuadros de mando e indicadores clave de negocio, *scorecards* y *KPIs*, que les ayude a la hora de medir el rendimiento de cada iniciativa asociada a la estrategia definida para la organización.

Doña Emma ha definido lo que desea, lo que espera de

ambos.

Ahora es la hora de que sus hijos, entendiendo el entorno y sus empresas, establezcan la estrategia de cada una, que consideren la definición de una estrategia del dato como algo fundamental para incrementar los ingresos, reducir costes, generar eficiencias operativas, eliminar riesgos y cumplir con las leyes tanto a nivel nacional como del ámbito internacional donde operan.

Capítulo 2

Hugo – La capacidad de oír

Oscar, el CFO de *The Elite Chocolate* cruzó el pasillo y se dirigió al despacho de su nuevo CEO. Oscar es un hombre de unos 60 años, delgado, sin pelo con una nariz larga y orejas grandes. Su cara reflejaba la inquietud que supone un cambio de dirección, le quedaba poco tiempo para jubilarse, y doña Emma, siempre era generosa al respecto. No tenía por qué preocuparse pensó. La secretaria le indicó que Hugo le esperaba. Respiró profundamente, golpeó la puerta suavemente tres veces y entró.

—Buenos días don Hugo, enhorabuena por su nombramiento, me siento orgulloso de ser el primero con el que se reúne. Los demás me han comentado que también mantendrán una reunión con usted. Veo que tiene una agenda muy ocupada —comenta Oscar observando como Hugo le mira seriamente a los ojos.

—Vayamos al grano, ¿de cuánto dinero dispongo para gastar en este ejercicio fiscal?, necesito que me des una cifra mañana a primera hora, si no me veré obligado a explorar el tema de las prejubilaciones. Ya me entiendes ... Por cierto, ¿qué tal esa estudiante que saca esas notas tan maravillosas? Seguro que tu hija finaliza con un cum laude su carrera en esa universidad tan famosa y cara de EEUU. Ya me hablaste sobre el esfuerzo económico que te suponía y que pensabas jubilarte en unos cinco años. No te preocupes mi estimado Oscar, si trabajas bien no habrá ningún problema —dijo Hugo provocando un amenazador surco en sus cejas.

Oscar abandonó la instancia debatido, angustiado y herido en su orgullo. Nadie le había tratado de esa forma en la compañía.

Pablo, el CIO, se cruzó con Oscar quien movía la cabeza de izquierda a derecha, los dos son buenos amigos, una amistad forjada durante mucho tiempo en la organización. El gesto de Oscar alarmó a Pablo, quien no tuvo la oportunidad de preguntarle por el resultado de su reunión. La puerta del despacho de Hugo estaba abierta.

—¿Hola chaval, se puede? —preguntó Pablo.

—Pasa Pablo, primero antes nada me llamarás don Hugo, se acabaron las confianzas. Soy el nuevo CEO y se me debe tratar como tal —ordenó Hugo con tono firme y serio.

—Disculpe don Hugo, no se volverá a repetir, creí que, al llevar tantos años juntos de convivencia entre nuestras familias y usted pasando las vacaciones de adolescente con nosotros, quería que le siguiera hablando como hasta ahora —contestó Pablo.

—Se de sobra que lo hacías porque eres un pelota y querías aprovecharte de mi madre. Vayamos al grano, necesito innovar, quiero que me digas ahora mismo cuales son las dos principales áreas que debo potenciar para obtener más ventas. Tienes dos minutos para pensar y responder —dijo Hugo.

Pablo acercó su mano al cuello de la camisa, introdujo su dedo índice e hizo un pequeño hueco, necesitaba respirar aire.

—Usar Inteligencia Artificial y crear unas sólidas y robustas capacidades alrededor de los datos, me refiero al gobierno y a la gestión de los datos —dijo Pablo.

—¿Los datos?, valiente estupidez, los datos son cosas de tecnología y no tengo el más mínimo interés en invertir un euro en ellos. En cambio, estoy muy interesado en la Inteligencia Artificial. Prepárame varios casos de uso y llama a esas consultorías que trabajan 24x7 para que nos hagan unas propuestas. Ya sabes que a esos les exprimimos al máximo, que tienen que vender como sea. ¡Vamos a trabajar!, quiero todo listo para el viernes, que vengan y me hagan presentaciones y que me inviten a comer a ese restaurante que me gusta tanto. La vieja quería que redujera costes, ya le enseñare todo el dinero que nos vamos a ahorrar —dijo Hugo indicando a Oscar que se marchara.

Oscar abandonó el despacho muy contrariado, al entrar en el ascensor se encontró con Isabel, la directora de marketing. La miró y la movió la mano indicando que será una reunión complicada. Se conocen muy bien, llevan juntos muchos años, trabajando muy duro para poder estar alineados a los últimos avances. Los dos saben que la empresa necesita adaptarse al presente y al futuro, pero debido a su edad quizás no les corresponda a ellos la digitalización, el marketing digital, los datos, las redes sociales y la Inteligencia Artificial por citar algunos. Todo está cambiando de una manera abrupta, rápida y a veces dramática. Isabel encontró la puerta cerrada y la golpeo suavemente con sus nudillos.

—¿Se puede? —preguntó Isabel

—Si Isabel, deseaba reunirme contigo para decirte que aprecio todo el trabajo que has hecho y la relación que creaste con mi madre. Eres la hermana que nunca tuvo y por eso te voy a hacer un favor, a partir de hoy dejarás de formar parte del grupo, se te dará una gran indemnización y no podrás trabajar nunca más para esta compañía —dijo Hugo mirándola fijamente. Hace mucho tiempo que aprendió a no parpadear para poder intimidar a las personas con las que hablaba.

Isabel siente como las palabras le acuchillan su lealtad, su dedicación y su esfuerzo. Es una mujer muy diplomática, aprendió a controlar sus emociones gracias a los mejores programas de coaching que recibió en momentos claves de su vida. Sabe que cuando una puerta se cierra, otras muchas se abren.

—Si usted considera que es lo mejor, nunca antepondré mis intereses personales a los de la compañía. Déjeme unos días para leer los términos del acuerdo —indicó Isabel con tono serio y firme mientras abandonaba la sala.

—Ya me quité a la amiguita de la bruja, ya no irá contando chismes. Esta es de las personas que no ve la realidad como a un jefe le gusta verla, muchas veces le hacía cambiar de opinión a la engreída de mi madre. Necesito gente que esté al día con los nuevos tiempos y el edadismo en esta empresa es un lastre que solo yo puedo ver —dijo Hugo en voz baja.

Conceptos a considerar

El dato es el pilar fundamental para cualquier iniciativa de Inteligencia Artificial y para la ciencia de los datos, conocida como *Data Science*.

En muchas conferencias, se menciona el mismo cuello de botella; la limpieza y la preparación de los datos. He visto fracasar muchos proyectos por que los datos no son buenos, la calidad de los datos es terrible, no hay información sobre los datos que nos indiquen lo que son. A la información sobre los datos, yo lo llamo wikidatapedia. Los equipos gastan muchos recursos, tiempo y dinero en buscar los datos que necesitan. Esto se conoce como *Data Discovery*, es una funcionalidad que permite averiguar donde se encuentran los datos, sus formatos, lo que son, sus relaciones con leyes, pólizas, departamentos, procesos y demás. La información sobre el dato se conoce como metadata.

La Inteligencia Artificial usa *machine learning* algoritmos que son alimentados con diferentes tipos de datos, imágenes, videos, conversaciones, bases de datos, ficheros log, documentos en word, hojas excels, etc. Si dichos datos no existen, son de baja calidad o los datos que contienen no pertenecen a las variables que buscamos, todo, todo será un fracaso.

Es importante saber escuchar y tener un equipo que conozca el negocio y la tecnología. En muchas organizaciones solo se oye, no se escucha y esto tratándose del dato es un grandísimo error.

He sufrido muchos noes de profesionales en puestos de alta dirección y mandos intermedios que no querían saber o admitir los problemas que sufrían alrededor de los datos.

En mi opinión, el gobierno y la gestión del dato debería ser obligatorio, con sus correspondientes controles y auditorias.

Varios gobiernos han desarrollado programas del gobierno y gestión del dato en sus organizaciones gubernamentales a nivel nacional y local.

Capítulo 3

Samuel – La capacidad de escuchar

A las 5:15 a.m., Samuel y su perro Smile corrieron por las calles de la ciudad. El seco y duro frío no fue ningún problema para un Hasky Siberiano de tres años y para un montañista experimentado como él.

—¿Qué te parece Smile?, tenemos un nuevo reto. ¿Que tendrá mamá en la cabeza? Conociéndola creo que ve alguna amenaza para las personas que trabajan en y para todas las empresas del grupo, ya sabes trabajadores, proveedores, vendedores, clientes y demás. Hablaré con ella para conocer sus inquietudes desde el punto de vista empresarial, los motivos familiares los iré descubriendo poco a poco. Me gustaría trabajar con mi hermano, pero no creo que Hugo quiera que trabajemos juntos por su comentario de ayer, de todas formas, no desestimaré esa opción y se lo propondré —dijo Samuel.

—Mamá nos ha lanzado el reto más importante de nuestras vidas. Llevo años pensando que teníamos que acometer un cambio a fondo, definir una nueva estrategia corporativa y de cada una de las compañías del grupo. Los resultados siempre han sido buenos para ella, tal vez algunos no fueron los esperados, pero siempre decía que lo importante eran las personas que formaban el grupo y que al ser la dueña del 100% de las acciones podía decidirlo todo. Se lo dije muchas veces, pero parecía que no quería afrontar los cambios, quizás no quería enfrentarse a ellos de una manera brusca —dijo, mientras aceleraba el ritmo de sus piernas acostumbradas a correr largas distancias.

Samuel convocó una reunión urgente con todos los altos directivos de la compañía a las 16:00. Todos esperaban en la sala sentados en la mesa ovalada, sus caras serias denotaban preocupación. Los rumores sobre las decisiones tomadas por su hermano Hugo habían corrido como la espuma. Samuel entró en la sala sonriente y dio la mano a cada uno de los asistentes a la reunión. Rosi (CFO), Jennifer (CIO), Robert (CMO) y Marcos (COO) saludaron a Samuel.

—Sentaros por favor, ¿qué tal estáis? Estaba impaciente

por tener esta reunión. Se avecinan cambios muy importantes y creo que va a ser positivo para todos nosotros y para todos los que formamos *The Elite Chocolate*. Como todos sabéis me han nombrado CEO de la compañía. Quiero ser totalmente transparente con el mensaje que mi madre me transmitió. Definió los seis objetivos que cito a continuación: debemos incrementar los beneficios, el valor de marca, reducir los costes operativos, manejar bien los riesgos, cumplir con las leyes y sobre todo innovar —dijo Samuel con una sonrisa y moviendo la mano de arriba abajo.

—Total nada, vaya requerimientos. Esto va a ser más divertido que subir al Everest. Eso sí, si no lo conseguimos ya no podré ser parte de ninguna compañía del grupo y deberé irme a vivir con doña Emma —comentó Samuel con una sonrisa caminando por la sala mientras se escuchaban algunos murmullos.

—Antes de nada, quiero saber si estáis dispuestos a realizar el viaje conmigo. Vamos a tener que trabajar todos juntos, muy duro, confiar los unos en los otros y tener una gran transparencia entre nosotros. Tendremos aciertos y fallos, pero deseo que todos seamos partícipes del cambio, del éxito o del fracaso. Se que alguno de vosotros se jubilará en los próximos años, en mi opinión, tardaremos algunos años en demostrar los resultados, pero quizás podamos hacerlo antes si nos involucramos todos y aprendemos de la experiencia de las personas que llevan tantos años en la empresa. Si alguien no desea ser parte de este viaje que me lo comente en privado. Siempre podéis hablar conmigo y llamarme en cada momento. Por cierto, dada la urgencia, querría que nos encerremos la semana que viene el lunes, martes y miércoles en un lugar que he reservado en las afueras para proponer ideas sobre las ambiciones de mi madre. Durante el resto de esta semana, hablar con vuestros colegas, proveedores, clientes y cualquiera que consideréis que pueda aportar ideas. Me encantará conocerlas. Ahora si me disculpáis tengo un viaje muy importante que realizar. Que ninguno se preocupe, todos vais a conservar vuestro puesto de trabajo, os lo aseguro —dijo Samuel levantándose y dándoles un abrazo a cada uno.

Todos los que conocen a Samuel saben que es una persona con una excelente formación internacional, de palabra, muy trabajadora, comprometida, con una gran visión en los negocios y que sabe rodearse de buenos profesionales en los que confiar.

Conceptos a considerar

A lo largo de la historia hemos comprobado como las personas se sienten amenazadas cuando se produce un cambio sustancial en el entorno en el que vivimos y trabajamos.

No hay que negar que la Inteligencia Artificial nos afecta y nos impactará a todos en gran medida. Coches autónomos, películas, fotos, recetas de comidas y un gran etcétera de actividades y productos son realizados en estos momentos por la Inteligencia Artificial.

Las empresas tanto privadas como del gobierno tendrían que ver la Inteligencia Artificial como una gran oportunidad.

Todos los departamentos deberían colaborar para impulsar las iniciativas de Inteligencia Artificial, hay que tener en cuenta que la tecnología, los algoritmos pueden ser comunes para los diferentes casos de uso.

Las organizaciones deberían buscar colaboraciones en el ecosistema con acuerdos de colaboración con socios tecnológicos y especialistas en Inteligencia Artificial. Esta gran revolución no puede hacerse de manera individual o en silos. Inteligencia Artificial exige un gran conocimiento del negocio, tecnológico, empresarial, matemático y del dato por citar algunos.

Las empresas que decidan invertir en Inteligencia Artificial sin tener en cuenta estos aspectos, desperdiciarán los recursos empleados.

Otro aspecto que destacar es la confianza en el equipo, en las personas. Doña Emma sabía que la empresa necesitaba acometer un cambio a fondo y confiaba en sus hijos para poder hacerlo.

Ahora la pregunta es si sus hijos colaborarán de manera conjunta o si por el contrario cada uno buscará su éxito personal.

¿Serán capaces de confiar cada uno de ellos en el personal del que disponen o se rodearán de nuevos asesores y expertos?

¿Podrán alinear el cambio con la cultura empresarial?

Capítulo 4

Hugo – Empezando por el tejado

Hugo entró en la sala de reuniones y saludó a los siete consultores de una de las más prestigiosas empresas de Inteligencia Artificial a nivel mundial.

Oscar y Pablo se preguntaron por qué Hugo les ha invitado solo a ellos, lo normal es que otras personas de la compañía formen parte de algo tan estratégico como es la Inteligencia Artificial. Oscar no es un experto, pero por lo que ha estudiado y leído, parece que muchos puestos de trabajo podrían estar en peligro y habría que considerar otros muchos riesgos atribuibles a la Inteligencia Artificial.

Uno de los socios de la multinacional pidió permiso para comenzar la presentación. Son profesionales con dilatada experiencia en la definición e implementación de estrategias de éxito relacionadas con la Inteligencia Artificial. Durante una hora explican cómo afrontar estrategias, proyectos y soluciones en una industria como la de la fabricación del chocolate.

—La verdad que esperaba mucho más de esta presentación. Quería soluciones inmediatas, no un planteamiento tan pobre como identificar iniciativas de Inteligencia Artificial y priorizarlas basadas en los criterios de valor para el negocio y de dificultad. Este trabajo lo hace un becario. Además os he oído hablar de la importancia de tener unos datos sólidos, de máxima calidad, bien documentados. Todo esto ya lo tenemos nosotros, lo único que queréis es vender más y más. Ya he visto demasiado, adiós y muy buenos días —dijo Hugo levantándose y abandonando la sala.

Pablo y Oscar estaban muy avergonzados, nunca alguien de la compañía había hablado a ningún miembro de otra organización de esa manera. Ambos les pidieron disculpas.

Los consultores se despidieron amablemente y se marcharon agradeciendo la oportunidad. Analizarán lo ocurrido en su oficina.

Pasadas unas horas Hugo llamó a Pablo a su despacho. En frente de su mesa había un par de sillas. Un hombre joven sin pelo, bajito, con ojos azules y con barba de unos días entrecruzó las piernas.

—Pablo, te presento a Arturo quien va a trabajar con nosotros como *contractor* durante los próximos meses y será mi mano derecha. Es un profesional de mi máxima confianza, posee una gran experiencia de más de 6 años en programas de estrategia, es un maravilloso comunicador y un número uno, no como tú —dijo Hugo mostrando gestos de desprecio.

Arturo miró a Pablo de arriba abajo.

—O sea que tú eres el famoso Pablo, el de tecnología. Veremos cuando haga el *assessement* a tu área si encuentro algo positivo. Veo que seguís en la edad de piedra con esos sistemas del pasado. Hugo, ya te dije ayer en el bar de copas que estos dinosaurios siguen usando los viejos sistemas para salvar sus puestos de trabajo y creerse imprescindibles —comentó Arturo chocando el puño con Hugo.

—Esos sistemas fueron implementados hace un par de años. Discúlpeme, pero considero que no tiene la información necesaria para emitir ese juicio —respondió Pablo con una mirada seria mientras sus manos temblaban y sudaban por la preocupación y el ambiente hostil. Sabía que, bajo el mando de Hugo, no duraría mucho en la empresa.

—Mira Pablo, te voy a dar una última oportunidad. Quiero que organices una nueva reunión el próximo lunes. Asegúrate que la próxima consultora me traiga alguna solución de Inteligencia Artificial con gran impacto en el negocio —dijo Hugo.

Pablo se despidió de ambos amablemente y les aseguró que el lunes les proporcionaría varias soluciones de éxito.

—No entiendo cómo ha mantenido tu madre a alguien tan malo como este —dijo Arturo mientras reía.

—Yo tampoco, no sabe nada, es muy torpe, en fin, otro dinosaurio —afirmó Hugo.

En ese instante Samuel entró en la sala y le pidió a Arturo que les dejase a solas. Hugo le contestó que lo que tenga que decirles se lo comunique a los dos, que Arturo es su mano derecha.

—Hola Hugo ¿cómo estás? He oído que has acometido varios cambios en el poco tiempo que llevas en el cargo. Quería pedirte que trabajásemos juntos, que uniéramos nuestras fuerzas para conseguir cumplir las esperanzas y la confianza que mamá ha depositado en nosotros —dijo Samuel con una amable sonrisa.

—Huelo tu miedo hermano, pero que cara más dura que tienes. Eres muy débil. Sabes que no puedes luchar contra mí, que voy a arrasarte, ¡siempre has sido un perdedor y un cobarde! —gritó Hugo mientras Samuel conservaba la calma.

—No te reconozco hermano —contestó Samuel moviendo la cabeza de un lado a otro.

Samuel abandonó la sala, sabía que su hermano era competitivo, pero nunca le había visto así. Sabe que Hugo logrará ser un jefe, pero jamás un gran líder.

Han pasado varios días desde la última reunión donde Hugo exigió a Pablo que encontrase una nueva consultora, una empresa que fuese capaz de aportar soluciones de Inteligencia Artificial.

En la sala de reuniones, el responsable de consultoría y sus consultores explicaron como la Inteligencia Artificial permitía reducir costes operativos y los casos de uso que son tendencia en otras empresas del sector. Hugo se mostró muy satisfecho y felicitó a la empresa. Según sus palabras, lo que más deseaba era reducir costes de personal y eliminar todos aquellos procesos manuales en áreas como producción, finanzas, recursos humanos y logística. Además, les recomendó crear nuevos productos relacionados con el chocolate, que la Inteligencia Artificial generase una fórmula totalmente nueva y que se fabricasen nuevos bombones con esa receta.

Hugo y la consultora acordaron empezar cuanto antes con un contrato por jornadas, con personas muy especializadas.

Hugo comentó a Pablo en privado que estaba seguro de que reducirían costes en un 20% en 10 meses y cumplirían los objetivos de la vieja en menos de un año.

Conceptos a considerar

La estrategia del dato y la Inteligencia Artificial deben ser formuladas a nivel corporativo, todas las áreas funcionales de negocio deben estar involucradas. El dato es una responsabilidad de todos y cada uno de los miembros de la compañía.

La Inteligencia Artificial está creando y va a crear muchos puestos de trabajo y sustituirá muchos procesos que son realizados manuales. Por ejemplo, agentes automatizados usarán *reinforcement learning* (RL), que es una técnica de *machine learning* focalizada en el proceso de toma de decisiones, de manera autónoma. Los agentes se usan en gran medida en la compra y venta de instrumentos financieros, tales como acciones, índices, commodities, futuros y divisas con el objetivo de obtener un beneficio.

Es importante mencionar que existen riesgos asociados a la ética del dato y de la Inteligencia Artificial, por esos los gobiernos han creado leyes para proteger al individuo.

En toda estrategia del dato y de la Inteligencia Artificial existen soluciones a corto, pero una buena estrategia debe contemplar todas las posibilidades que produzcan valor a corto, medio y largo plazo con los recursos disponibles, ya que por desgracia no son infinitos.

Hay que reconocer que nos somos perfectos y los errores que cometemos. Muchas compañías y departamentos creen que sus datos son correctos o no quieren reconocer que tienen problemas con los datos, los informes y soluciones generados con ellos.

Deben realizarse auditorías internas y externas que determinen el grado de credibilidad de los datos y el cumplimiento de las leyes, incluida la ética de las soluciones realizadas.

Hay que saber apreciar la experiencia y rodearse de personas con grandes conocimientos en el área. Por favor evitemos el edadismo. Las personas con gran experiencia en la empresa tienen un role fundamental al conocer los procesos y los datos que se usan al detalle.

La Inteligencia Artificial depende de que la compañía tenga un nivel sólido, robusto y maduro alrededor del dato. Existen herramientas, técnicas y metodologías que permiten calcular dicha madurez del dato a través de lo que se denomina *data maturity assessments*. Considero que las organizaciones deberían realizar los *assessments* una vez al año.

La organización y comunicación alrededor del dato es crucial. Un comité del gobierno del dato, formado por responsables de cada área y un programa de gestión del cambio, evitaría que falsos mensajes llegasen a la dirección y se transmitieran de una forma u otra.

No hay que olvidar que la Inteligencia Artificial es I+D. Dejar todo el desarrollo en manos de externos descapitaliza el conocimiento en Inteligencia Artificial en la propia empresa y permite que terceros puedan comercializar las soluciones a los competidores. Además, permite que la propiedad intelectual y el I+D no exista en la compañía, a menos que se especifique por contrato y se incluyan recursos propios.

Capítulo 5

Samuel – Empezando por los cimientos

Unas rocas decoraban un hermoso lago de agua cristalina. Alrededor del lago, unas montañas repletas de árboles reflejaban el verde de sus ramas en el espejo líquido y cristalino creado por una naturaleza calmada y amable. El movimiento del sedal en el agua, de una alargada caña de pescar, anunciaba la posible captura de un suculento y potencial manjar.

Un hombre de pelo corto y bigote blanco, vestido con un chaleco y repleto de aparejos de pesca, sonreía al pensar en su posible almuerzo. Un exquisito pescado de agua dulce cocinado lentamente en las brasas de la barbacoa de su cabaña de madera.

Tras unos minutos de batalla, un gran pez pierde su

libertad y su último respiro. El sonido de unos pasos pisando unas ramas secas provocó que el pescador se girase tranquilamente. Sabía que ningún animal hace tanto ruido al caminar por el bosque, solo un hombre era capaz de armar tanto alboroto.

—¿Mr David Parker? —preguntó una voz.

—El mismo, ¿quién es usted? ¿Qué le trae por aquí? Si viene a comprar la cabaña y la finca, que sepa que no están en venta. Lo siento mucho pero este entorno me proporciona una gran paz interior —respondió David con una sonrisa.

—Le entiendo perfectamente, mi nombre es Samuel y como a usted me apasionan las montañas y la naturaleza. He venido por que le necesito. He oído y leído mucho sobre usted. Necesito sus consejos y sabiduría acerca del dato. Soy el CEO de una compañía de bombones y voy a acometer un gran proceso de transformación que incluya la Inteligencia Artificial y el dato. Hace años asistí a una de sus conferencias en las que dijo que uno de los pilares fundamentales para tener éxito con la Inteligencia Artificial es tener una estrategia del dato muy sólida. Yo necesito entender el por qué. Necesito que me ayude a confiar, a creer y a crecer con los datos. Tendría el soporte y la comunicación directa conmigo además de toda la organización, yo seré el espónsor de este programa. He leído muchas cosas sobre los datos, pero no entiendo nada, que si el gobierno del dato, la gestión del dato, la calidad del dato y muchos más conceptos. Los quiero entender con un lenguaje simple y de negocio —dijo Samuel mientras sonreía y miraba al gran pez que había capturado David.

—Me acuerdo de usted en una conferencia, no dejaba de hacer preguntas interesantes como si supiera que un día sería el CEO de una compañía. Supongo que ha recorrido una gran distancia para verme, este reto debe ser algo importantísimo para usted —dijo David esbozando una sonrisa y recogiéndolo todo.

—No solo para mí, hay muchas familias que dependen de la empresa y no quiero que sufran con una estrategia errónea —contestó Samuel con cara de preocupación.

David miró el semblante de Samuel, sabe que el joven puede fracasar si no se rodea de las personas adecuadas. Necesita personas en las que confiar, con amplia experiencia, transparentes, que le ayuden, asesoren y expliquen. David sabe que el soporte directo de un CEO involucrado en una estrategia del dato, que lo entienda como un pilar fundamental para alcanzar el éxito, no se encuentra todos los días.

—Te invito a comer, este amigo nos llenará la barriga. Necesito saber más de ti y de tu empresa, tus metas, tus ambiciones, el porqué de tu situación, tus planes y el enfoque que deseas darle. Tenemos horas por delante, si quieres puedes quedarte a dormir. Si en un futuro tenemos que trabajar juntos, tenemos que confiar el uno en el otro.

Durante horas hablan en la cabaña, Samuel le explica el negocio, la empresa, el sector, su estructura, la organización y toda clase detalles.

Se hizo tarde y Samuel aceptó la invitación para dormir. David tomará una decisión mañana.

Conceptos a considerar

El espónsor de un programa sobre el dato debe conocer los beneficios a nivel de negocio de este y evitar los tecnicismos. Debe rodearse de personas con sabiduría en el área de la gestión y el gobierno del dato. El espónsor debe recibir formación para evitar que la estrategia del dato se convierta en una con$piración del dato.

Hay que desarrollar e implementar pólizas, estándares, comités, *data stewards*, auditorias, planes, controles y cuadros de mando relativos al dato que muestren robustos KPIs de calidad del dato, de propiedad del dato y sobre el catálogo de los datos por poner unos ejemplos.

El CEO y el espónsor deben estar informados y tener comunicación directa con los responsables del programa.

Yo recomiendo la creación de un *Chief Data Officer* para que asuma la responsabilidad del programa y ayude a generar mayores ingresos, reducir los gastos, producir eficiencias en los procesos y que los datos estén acorde a las leyes y regulaciones en los mercados y países en los que opera.

La creación de una organización alrededor del dato es fundamental, hay que definir el modelo operativo del gobierno del dato y su composición. Existen diferentes modelos, centralizado, descentralizado y *hub & spoke*.

La experiencia del negocio es clave para identificar analistas de negocio, *subject matter experts*, *data custodians*, *data stewards*, … Me gusta incidir acerca de que muchos de los perfiles ya existen en la compañía, no hace falta contratarlos, solo encontrarlos.

Es fundamental conocer la estrategia y los objetivos estratégicos de la empresa para definir la estrategia del dato. En muchas ocasiones cuando se crea la estrategia del dato no se comparte la estrategia corporativa empresarial lo que es un claro error.

La credibilidad, la transparencia y la democratización entre el CEO y el CDO/CDA es un aspecto fundamental para alcanzar el éxito del programa. Deben realizarse auditorias sobre el gobierno y la gestión del dato para comprobar que las políticas definidas se aplican y se cumplen.

Capítulo 6

Hugo – La estrategia del jefe

A las 18:00 del martes, Hugo había convocado a Pablo, a Arturo, a Oscar, a los socios y directores de la consultora que se harían cargo de los proyectos de Inteligencia Artificial.

Una vez comenzada la reunión, Arturo mostró en el monitor los proyectos elegidos por Hugo y por él, dejando claro que ellos son los que toman las decisiones y que solamente mantendrán reuniones de seguimiento con los responsables del programa.

Arturo comenzó con el área de recursos humanos, el caso de uso elegido es que la Inteligencia Artificial se haga cargo de todo el proceso desde la selección de los candidatos hasta que se incorporen a la empresa. Esto permitirá eliminar todos aquellos procesos manuales realizados por una persona, como leer y seleccionar currículos, evaluarlos, realizar entrevistas personales y generar los contratos. Un robot presentará los nuevos empleados a los compañeros de la firma. Con esta medida pretenden reducir los costes en el departamento.

Todos excepto Pablo y Oscar felicitaron a Hugo y Arturo por la medida. Pablo conocía desde hace años la Inteligencia Artificial, los algoritmos de *machine learning*, la minería de datos y los fundamentos matemáticos en los que se soporta. Hace más de 40 años que se licenció en matemáticas y deseaba implementar soluciones de Inteligencia Artificial desde hace tiempo en el grupo, pero doña Emma sabía que tenían que acometer otras prioridades respecto a los procesos, las personas, la tecnología y fundamentalmente en los datos. Doña Emma le comentaba siempre que su sucesor se haría cargo de este proceso de transformación. Pablo es un reconocido experto a nivel nacional y en la universidad dirigiendo programas de Inteligencia Artificial y ha liderado programas de transformación muy complejos. Hugo sabe que Pablo es un experto, pero su ego le impide reconocer que alguien pueda tener más éxito que él.

Hugo agradeció las palabras y gestos. Arturo explicó que

el segundo proyecto estrella debería ser que todos los empleados reduzcan los tiempos de generar cualquier tipo de informes y resúmenes de reuniones.

Uno de los directores de la consultora detallaba el tercer proyecto enfocado a la producción, distribución y mejora de los almacenes. Hugo agradeció a todos el contenido de esta presentación, los casos de uso para cada una de las áreas, los videos y la calidad del material presentado.

Pasados unos segundos, las luces de la sala se apagaron. La gran pantalla de la sala mostraba en un video todas y cada una de las tareas necesarias para la creación de recetas de bombones con un sabor y un diseño único. Las imágenes mostraban robots analizando la calidad del chocolate, programas informáticos que capturaban datos de recetas por internet, de videos, de libros digitales, de estudios de expertos y como las maquinas producían el producto final. La Inteligencia Artificial creaba unos hermosos bombones en una caja con diseños, formas y colores. En ese momento alguien llamó a la puerta y entró en la sala. Era un robot con una bandeja, sobre ella una caja con unos bombones iguales a los que muestra el video. El robot se acercó a Hugo y a Arturo.

—Estimados Hugo y Arturo ¿quieren probar estos

bombones? La Inteligencia Artificial ha diseñado la forma y color de los dulces y la caja. Espero que durante nuestra colaboración, esta tecnología sea capaz de crear la fórmula también —dijo el director de la compañía consultora.

Hugo se levantó y aplaudió con fuerza acercándose a cada uno de los directores y responsables de la consultora agradeciéndoles el esfuerzo realizado. Delante de todos se dirigió a Pablo y a Oscar y les recriminó su falta de visión y que no fueran capaces de ver el futuro. Ambos callaron y aguantaron con firmeza el aluvión de críticas.

—Creo que es un programa de alto riesgo, solo se habla de la reducción de gastos, pero no se menciona en ningún momento el coste total del programa, vuestros costes, inversiones en nuevo software, hardware y otros adicionales —indicó Oscar con gran preocupación.

—Oscar tiene razón, la inversión en tecnología va a ser muy elevada, necesitamos adquirir más capacidad de hardware y más software. Nuestro personal no está preparado, no puedes dejar todo en manos de una compañía externa, luego te venderán *outsourcing* y te quedarás sin el conocimiento, te descapitalizarás, estarás a su merced —dijo Pablo alzando la voz.

—Ya he oído demasiadas tonterías por hoy, váyanse de

la sala y déjenos trabajar. ¡Usted Oscar, preocúpese de pagar todo lo que necesite y usted Pablo tiene los días contados en mi compañía! —gritó Hugo enfurecido y señalando la puerta. Todos los asistentes guardaron silencio.

—Nadie me va a decir como diseñar mi estrategia y menos estos estómagos agradecidos. Esto va a ser un éxito, estos dos no tienen ni idea de cómo funciona el negocio ni el mercado en estos tiempos que vivimos. Vámonos Arturo, tenemos mucho trabajo por delante —dijo.

Oscar y Pablo abandonaron el edificio y entraron en el bar donde suelen tomar algo cuando la jornada de trabajo se alarga. Ambos hablaban sobre el planteamiento de la nueva estrategia. Creen que no es la adecuada, que no está bien planteada. Durante todos estos años trabajando con doña Emma, todos colaboraban con expertos en consultoría estratégica para definir el futuro plan de cada compañía y del grupo. Doña Emma siempre cumplía las expectativas y hacia rentable a cada una de las empresas. Escuchaba a todos y cada uno de los departamentos. Estaban seguros de que en la cabeza de doña Emma había un plan. Ambos se planteaban su dimisión, pero por razones familiares no podían hacerlo en estos momentos a no ser que se les forzara a realizar algo que estuviese fuera del ámbito de la legalidad.

Conceptos a considerar

Uno de los profesores del MBA siempre decía que el sentido común es el menos común de todos los sentidos.

En estos días, algunos dirigentes de empresas imponen lo que ellos consideran que será un éxito para ellos, sin escuchar a las personas que les rodean y que poseen una gran experiencia en el área de los datos y *analytics*. Muchas veces realizan nuevas contrataciones de expertos cuando hay personas mucho mejor cualificadas en su entorno y con una experiencia muy dilatada en el tiempo.

En muchos países el edadismo es un gran obstáculo en el mercado laboral. Muchas personas afectadas por este concepto fueron los artifices de esta revolución tecnológica, los padres de los cuadros de mandos, de la Inteligencia Artificial, los que definieron los KPIs, *balance scorecards*, *data warehouse*, *big data*, *machine learning*, ...

No olvidemos tampoco, que otra gran revolución ha sido la de los datos. Hoy más que nunca se generan cantidades enormes de datos, existen las infraestructuras y el software a un precio que permite un rápido retorno de la inversión y una capacidad de procesamiento increíblemente rápida.

Hablamos de poder tener datos e información en tiempo real.

Por último, me gustaría destacar que un equipo de directores que no sean líderes hará fracasar el programa. El ego de algunos no permitirá que las otras personas contribuyan. Otros promoverán la desconfianza y la crítica destructiva. También habrá directores que consideran que hay una necesidad de cambio, pero no son capaces de ver la urgencia de este.

Capítulo 7

Samuel – La estrategia del líder

Un suave aroma de chocolate se adueñó de la estancia. Samuel cerró los ojos y se sometió al placer del sabor provocado por el mejor cacao de su empresa. Sabía que ese oro oscuro le ayudaría a convencer a David. Lo necesita, es un numero uno. David acercó a sus labios la taza de cerámica con el logotipo de su antigua empresa *urdatacoach*. Su paladar saboreó lentamente el dulce, oscuro y espeso liquido preparado por Samuel.

—Que rico, está buenísimo, la humanidad no debe perderse el lujo de disfrutar del placer de beber un chocolate tan rico como este —comentó David esbozando una sonrisa y brindando con la taza.

—Ayer al verte, ya sabía que te iba a ayudar. Los datos

51

deben ser un componente muy importante para el éxito o supervivencia de vuestro negocio. Es muy raro que un CEO, se desplace personalmente a tantos kilómetros y se involucre en la tarea de convencer a un simple consultor como yo. No es normal pero tampoco eres el primero. Piensa que no es culpa del CEO el no saber de los datos. El no haberle dado el valor que merece es porque muchas empresas lo asocian al departamento de informática o como parte de la transformación digital. En mi opinión, creo que es para tener el poder y sentirse imprescindible, poder saber todo lo que ocurre antes que nadie y poder manipularlo. Los datos convertidos en información es poder —dijo David. Siempre se ha dicho que la información es poder. Mi madre me mencionaba mucho esa frase. Yo prefiero decir que la información produce conocimiento y el conocimiento produce sabiduría, pero que la base de todo es el buen dato —respondió Samuel.

—¡La conspiración del dato! —gritó fuertemente David dejando perplejo a Samuel.

— ¿La conspiración del dato? —Pregunta Samuel.

—Si mi querido amigo. Por desgracia, muchas personas usan los datos para conspirar contra alguien, contra el sistema, para manejar las empresas y a las personas a su antojo, para conseguir y mantener el poder. La palabra conspiración tiene un significado negativo, provoca desorden y caos. A mí me gusta lo contrario a todo esto. Me encanta ver como el buen dato, la buena información se revela contra quien usa las malas prácticas y establece el orden. Yo lo llamo la inspiración del dato —dijo David.

—Las personas manipulan los datos y conspiran, pero el dato también conspira cuando no es de calidad y más ahora en la era de la Inteligencia Artificial. Tú lo sabes, no se te ha explicado, pero lo sabes, el dato es responsabilidad de cada uno de los empleados, desde el que lo necesita y lo pide hasta el que lo consume, pasando por toda su cadena de valor. He participado en muchos éxitos y en algunos fracasos de estrategias del dato. He visto el efecto domino de una mala estrategia del dato, fracasos en la toma de decisiones, fraudes, cierres de empresas y muchas personas despedidas. En muchas ocasiones he visto como mandos intermedios, mediocres profesionales con poca experiencia, pero con grandes dotes de comunicación y manipulación, impiden que llegue el mensaje correcto al CEO y a otros encargados de tomar decisiones estratégicas y operacionales. Expertos conspiradores que establecen trabas diarias y generan diferentes atmosferas en el trabajo —comentó

David.

—¿Qué esperas de mí?, ¿Qué condiciones planteas para ayudarnos? —preguntó Samuel.

—Mis condiciones son las siguientes. Dependeré directamente de ti. Tendrás que crear la posición de Chief Data Officer. No aceptarás ningún presupuesto que se te presente en ninguna de las iniciativas relativas al dato, a no ser que vayan acompañadas del cálculo del retorno de la inversión. Dicho valor deberá ser aprobado por el comité del gobierno del dato que crearemos de forma inmediata. Al año, revisarás el cumplimento de los objetivos y tendremos la opción de rescindir el contrato en caso de no cumplirlos. Tu compromiso con el programa debe ser máximo para garantizar el éxito. Por último, te encargarás de que no me falte este chocolate tan rico cuyo coste me lo descontarás de mis honorarios —explicó David alzando la taza en busca de un brindis.

—¡Acepto todas tus condiciones! —respondió Samuel sin dudarlo, en el fondo creía que convencerle sería más difícil, pero siempre confió en el poder mágico de su chocolate estrella.

David preparó la maleta, llevaba tiempo sin ponerse trajes para ir a trabajar, pero eso era lo de menos. Deberán trabajar duro para implementar todo lo necesario y poder ser lo que se considera una *Data Driven Organización*. Harán que el dato sea el recurso más valioso frente al petróleo, tal y como indicó en Mayo de 2017 el Economist. Por último, asumirán que el dato es uno de los activos más valiosos de la compañía.

Ambos abandonaron la cabaña montados en un 4x4 que les trasladó al Aeropuerto más cercano de Dakota del norte. Un avión privado, alquilado por Samuel para la ocasión, los llevará a Europa. En el avión no definirán la estrategia, solamente compartirán ideas para empezar a definirla.

Conceptos a considerar

He oído a muchos CEOs y altos directivos de empresas decir que quieren ser *a Data Driven Organización*.

Muchos no saben lo que significa, pero suena muy bien.

Formular una buena estrategia del dato necesita a los mejores lideres, no jefes que impongan su criterio. Hay que reconocer las carencias en la organización, por ejemplo; malos datos, silos de información, falta de conocimiento, riesgos de seguridad del dato y un largo etcétera.

En algunas ocasiones a lo largo de mi trayectoria

profesional he oído el mensaje de no poder decir a los responsables que sus datos son erróneos, que la información publicada y compartida con otras empresas es falsa. Este mensaje nadie lo quiere oír por las consecuencias que conlleva. El auténtico líder si lo quiere oír, quiere encontrar la raíz del problema y solucionarlo.

Samuel reconoce su ignorancia, por eso busca a uno de los mejores. Alguien con una gran experiencia y alguien en quien confiar. Los lideres confían en su equipo y su equipo confía en ellos, les seguirán y les hablaran abiertamente sobre lo que piensan.

Al final el éxito o fracaso será compartido y reconocido por todos. La capacidad de escuchar, el trabajo en equipo, saber delegar y otras muchas características hacen que uno sea visto como un líder. Una empresa que va a acometer e invertir en un programa estratégico del dato y la Inteligencia Artificial debe saber que se producirá un cambio cultural en la compañía y debe ser manejado por auténticos lideres, no jefes.

Capítulo 8

Hugo – Inteligencia artificial en RRHH

Los consultores han empezado su trabajo manteniendo reuniones con las diferentes áreas de recursos humanos y requiriendo información sobre la organización interna, procesos, datos, informes y otra información necesaria. Tras las dos primeras semanas de reuniones y análisis convocaron una reunión interna y urgente con los responsables del programa de la consultora destacando las siguientes conclusiones:

Conclusión 1: La compañía no tiene definidos, ni documentados los procesos de negocio relacionados con cada área de recursos humanos, no existe una arquitectura de negocio y no saben que datos se usan en cada proceso.

Conclusión 2: La arquitectura tecnológica y la arquitectura de aplicaciones cumplen con los estándares y se han aplicado las metodologías correspondientes.

Conclusión 3: No existe ninguna documentación relacionada a los datos de recursos humanos. Una parte del conocimiento de dichos datos se encuentra en la cabeza de los programadores, pero sobre el resto de los datos no existe ninguna información. Es complicado conseguir información sobre los datos por parte de los desarrolladores y responsables de las aplicaciones. Puede que tengan miedo a perder su puesto de trabajo o que hayan recibido órdenes de algún superior.

Conclusión 4: Nadie se responsabiliza como dueño de los datos, no existe el gobierno del dato en la organización.

Conclusión 5: Existen otros múltiples problemas relacionados con el dato, como la calidad, los diccionarios del dato, la confidencialidad y el cumplimiento con regulaciones como la Ley General de Protección de Datos y otras a nivel internacional.

Conclusión 6: Aconsejamos implementar una estrategia del dato y la adquisición de varios sistemas existentes en el mercado relacionados con este tópico.

—Presentar estas conclusiones es inviable, ya sabemos lo que les pasó a nuestros competidores. Además, ya acordamos entre nosotros, que no hablaríamos sobre lo importante y fundamental que es tener una buena estrategia del dato definida. Hemos ganado un cliente importantísimo y que nos va a generar unos grandes ingresos en nuestro vertical de negocio y no lo vamos a estropear. Le daremos una vuelta y cuando veamos el momento adecuado hablaremos del dato. Nadie, nadie del equipo debe mencionar nada relacionado con los datos. Empezaremos con el caso de uso de Inteligencia Artificial aplicado a la adquisición de talento. Nos implicaremos en la compra e implementación de una solución de evaluación de currículums, entrevistas virtuales, análisis de sentimientos a través de las expresiones de la cara, voz y lenguaje. Trabajar con la empresa proveedora para configurar y parametrizar el software y que sea capaz de seleccionar solamente a candidatos números uno. Ya sabéis lo que debéis incluir en el módulo de contratación también —explica el director encargado de la cuenta con una maliciosa sonrisa.

—Pero sabemos que hay ciertos riesgos con la privacidad y sensibilidad de los datos —remarca una de las consultoras.

—No os preocupéis, en los próximos meses les vendemos un proyecto de protección de datos personales como una necesidad, lo tenemos todo planeado —responde el director, al que parece que no le ha sentado nada bien la observación de su empleada.

A la mañana siguiente se reúnen con Hugo y Arturo. El director les explica que deben adquirir la aplicación. Es un servicio ofrecido en la nube por una start-up que empezó su actividad hace un año. Ambos se felicitan por el gran ahorro de costes que esta solución supone y lo rápida que será su implementación.

Conceptos a considerar

Antes de realizar una estrategia del dato recomiendo valorar el nivel de madurez del dato, lo que conocemos como *data maturity assessment*.

Existe mucha literatura al respecto y empresas que ofrecen sus servicios. Conocer el nivel de madurez en cada uno de los dominios del *Data Management,* ayudará a priorizar las actividades a realizar y que capacidades deben desarrollarse, como pueda ser la calidad del dato o el catálogo del dato por poner un par de ejemplos.

Otro aspecto relevante es disponer del mapa de procesos de negocio de la organización, desafortunadamente no muchas organizaciones lo tienen y tampoco que datos necesita cada proceso.

La organización debería conocer el concepto de la Arquitectura Empresarial *(Enterprise Architecture)* que contiene la arquitectura de negocio, de aplicaciones, de tecnología y del dato. Implementar una arquitectura empresarial alineada con la estrategia del dato, impediría que decisiones de adquisición de plataformas de software sean totalmente arbitrarias y manipuladas por terceros.

En cuanto al gobierno del dato, en este capítulo vemos una falta de *ownership* del dato, que no existe una organización alrededor de los datos de recursos humanos, lo que permite que cualquiera pueda tomar las decisiones que más les favorece.

Capítulo 9

Samuel – El gobierno del dato

David y Samuel han trabajado largas jornadas desde que llegaron. Ambos son unos fanáticos del libro *El club de las cinco*. Suelen iniciar su jornada muy temprano, son personas muy disciplinadas y han generado entre ellos, una gran relación de respeto y confianza. David enseñó a Samuel conceptos clave de la jerga que van a usar, casos de éxito y fracaso en grandes y medianas corporaciones de diferentes sectores.

—Mi querido Samuel, hoy voy a explicarte lo que se conoce como el gobierno del dato. Es parecido al establecimiento de un gobierno en una nación. Déjame explicarte una serie de aspectos para que lo entiendas —dijo David a la vez que empezaba a escribir en una gran pantalla de una de las salas de reuniones.

—Hay que establecer grupos y comités que colaboren, definan normas, resoluciones, estándares, que decidan y resuelvan problemas relacionados con los datos. En un gobierno existen el senado, el parlamento, grupos parlamentarios, presidentes, ministros, leyes, decretos y un largo etcétera. Nosotros debemos trabajar para formar comités, grupos de trabajo, definir nuevos roles para cada uno de los participantes conocidos como *data stewards*, *data owners* y otros. Debemos decidir y formar una organización, un organigrama. Cada empleado y persona en la organización, que produce, que consume datos, o que participa de alguna otra forma en el ciclo de vida de los datos, tiene un role y una responsabilidad definida —explicó David a la vez que escribía detalles en la pantalla.

—Debemos definir quién es el dueño de los datos y exigir responsabilidad sobre el estado y la calidad de los mismo. Por ejemplo, podemos definir al CFO como dueño de los datos financieros, o al responsable de compras como dueño de los datos de la aplicación de compras. Similar a cuando en un país, a través del registro de la propiedad, se definen dueños de un terreno o una casa, siendo dichos propietarios los responsables de cumplir con normativas, pagos y demás obligaciones —dijo David a la vez que saboreaba una gran taza de su chocolate favorito.

—Además, hay que crear e implementar normas, procedimientos y estándares sobre cada uno de los dominios del dato, como por ejemplo el de la calidad del dato. Tener datos exactos, fiables y creíbles es vital para cualquier compañía —continuó David aportando imágenes de prensa especializada donde se hablaba de escándalos producidos por malas prácticas en el área de los datos.

—Hay que evaluar el rendimiento del gobierno del dato y de la estrategia del dato, se deben definir KPIs y tomar decisiones relacionadas con el cumplimiento o no de los objetivos. Por ejemplo, cuantas normativas o pólizas deben crearse comparadas con las que se han creado, porcentaje de asistencia a los comités, porcentaje de roles creados y demás. Al final tú eres el máximo responsable de los datos y deberías asumir esa responsabilidad, esa será una de las claves del éxito. Como tal responsable, debes estar informado de todo lo ocurre alrededor y tomar decisiones como CEO. No quiero aburrirte, con esto es más que suficiente para que empieces a pensar si tu organización está organizada respecto al dato. No te estreses mucho, ahora hay técnicas que te dirán lo bien o mal que estás. Se llaman

Data Maturity assessments. Las utilizaremos para definir la estrategia del dato —dijo David a la vez que le da unas palmaditas en la espalda.

—No estoy nada estresado, siento que tu experiencia y seguridad nos aportará el valor necesario. Todos vamos a empujar en la misma dirección, te lo aseguro —afirmó Samuel a la vez que estiraba la mano con el pulgar hacia arriba.

Conceptos a considerar

El gobierno del dato proporciona control y orden, Muchas compañías fallan a la hora de establecer una estrategia del dato ya que no consideran vital establecer el gobierno del dato.

Antes de realizar una estrategia del dato recomiendo valorar el nivel de madurez del dato, lo que conocemos como *data maturity assessment.* Existe mucha literatura al respecto, muchas empresas ofrecen sus servicios de consultoría y aceleradores para calcular el nivel de madurez de la gestión del dato.

Como he indicado anteriormente, gobiernos de algunos países con los que he trabajado han creado programas para que las entidades gubernamentales evolucionen las capacidades en torno al dato. Dichas entidades deben informar trimestralmente al gobierno regulador del avance con evidencias y alcanzar los objetivos anuales de los KPIs definidos.

Capítulo 10

Hugo – Ética y legalidad

Hugo sonrió y comentó con Arturo sus planes sobre la segunda solución que se implementará en la firma. Lleva tiempo usando y leyendo sobre el uso de la Inteligencia Artificial para la generación de contenidos. Desea ahorrar costes y ser más rápido en tareas de:

1. Redacción de correos electrónicos.
2. Análisis automático de datos y desarrollo de resúmenes de tendencias, tales como un aumento en las ventas durante ciertos meses o la identificación de los productos que preferirán los consumidores.
3. Creación automática de presentaciones con una alta calidad de diseño, gráficos y animaciones relevantes.
4. Generar resúmenes de las reuniones con los puntos

clave y las acciones a seguir.

Hugo estaba orgulloso de ser el artífice de esta solución y no paraba de hablar de ello hasta que Arturo se acercó a su oído y le susurró:

—Hay algo que quiero explicarte. Voy a utilizar la Inteligencia Artificial para escuchar y saber todo lo que pasa en esta empresa. Voy a crear nuestra CIA y tú serás su responsable. Todos los correos, reuniones online de los empleados, chats serán captados, interpretados, clasificados, resumidos y estarán accesibles para nosotros dos. Obligaremos a la consultora a implementarlo. Estos con tal de recibir dinero de nosotros harán cualquier cosa. No pienso consultar al departamento de legal sobre esta medida, es mi empresa y lo hago para protegerla. Soy un auténtico genio —Hugo se acarició el mentón y esbozó una gran sonrisa.

A las 19:00 el director del programa se reunió de manera urgente con su equipo en las oficinas de la consultora, ha mantenido una conversación con Hugo y Arturo. Su semblante es serio. Todos los integrantes de la iniciativa de generación de contenido mediante Inteligencia Artificial están presentes.

—Buenas tardes, os he convocado en nuestras oficinas

para informaros del contenido de mi reunión con Hugo. Es muy importante que sepáis que el alcance del proyecto es más amplio y crítico. Hugo desea que la solución proteja la información que se genera entre las personas que participan de alguna forma con la compañía. Esto afecta a empleados, proveedores, colaboradores, funcionarios y como he dicho a cualquier persona o entidad que tenga alguna relación con la organización. Esto nos incluye a nosotros también. Hugo quiere un servicio de inteligencia basado en la Inteligencia Artificial. Quiere saber todo los que se dice, se decide, se comunica tanto en reuniones, como en email, como en conversaciones y más. Nosotros, como somos los integradores, no corremos ningún riesgo, y ellos al no haber una clara normativa sobre la ética de la Inteligencia Artificial tampoco —explicó el responsable con tono muy serio.

—Pero quizás nos puedan sancionar usando leyes relacionadas con la protección de los datos —preguntó la misma persona que asistió a la reunión sobre Inteligencia Artificial en RRHH.

—De ninguna manera nos salpicará. Además, de ahora en adelante, te aconsejo que pienses en detalle lo que vas a preguntar. Esta pregunta no tiene ningún sentido — respondió el director.

La empleada de la consultora se sintió humillada, quería proteger al cliente y a su empresa, pero rapidamente se dio cuenta de que lo que había detrás. Ella es una experta en temas de normativas de datos y leyes. Ha trabajo conjuntamente en muchos clientes con el departamento jurídico, de riesgos y de *cybersecurity*. Sabe de lo que habla y que más tarde o más temprano habrá consecuencias y posibles sanciones para ambas compañías.

Conceptos a considerar

La ética del manejo del dato se refiere a como se adquiere, se usa, se comparte, se almacena y se destruye el dato de forma que se cumpla la normativa existente y las leyes.

El manejo de los datos con una ética adecuada es fundamental para alcanzar el éxito a largo plazo de una organización que desea obtener el máximo valor de sus datos.

Una falta de ética en el manejo de los datos puede afectar la reputación de la compañía, una pérdida de clientes al poner en riesgo a las personas cuyos datos son filtrados. Hay casos en que la falta de ética hacia los datos es ilegal.

Para minimizar el riesgo, las organizaciones deben definir cómo utilizar de forma ética los datos, educar a los miembros de la organización en el manejo de estos y comprobar el rendimiento de las iniciativas implementadas sobre este tópico

Capítulo 11

Samuel – Un poderoso activo en la organización

David y Samuel paseaban por un museo de arte único en el mundo en una ciudad pequeña de Europa. David explicaba a Samuel una de las áreas más fundamentales y vitales de la gestión del dato conocido como el metadata. El metadata se define como la información sobre los datos. Ambos llegaron ayer y se hospedaron en uno de los hoteles cercanos al museo. Hace unos minutos abrieron las puertas. David se paró tras recorrer varias estancias y pasillos. Ante ellos, un majestuoso cuadro vestía una pared de color marrón claro. Los dos miraron la extraordinaria pintura que contenía a muchas personas.

—¿Qué ves enfrente tuya? —le preguntó David.

—Un hermoso cuadro llamado *La conspiración*, pintado

por James Walker en el siglo XVII. Hay más de 50 personas en una ladera y de fondo cuatro barcos —respondió Samuel abrumado por la calidad de los colores y detalles.

—¿Qué ves a su derecha? —vuelve a preguntar David señalando con su índice a una pantalla LCD que muestra el cuadro.

—Una pantalla táctil con el cuadro y un menú digital — respondió Samuel.

—¿Puedes explorar su contenido? —preguntó David.

Samuel empieza a mover el dedo alrededor de la pantalla y elige cuidadosamente a una de las personas del cuadro y la toca. A la derecha aparece el nombre de la persona y un menú desplegable que permite acceder su historia, quien era, cuál era su role en el cuadro, el año de nacimiento, la relación con las otras personas, hijos, mujeres, detalles de su muerte y enlaces a otras fuentes de información. Uno y cada uno de los personajes, objetos, incluyendo el lugar están descritos con minucioso detalle. Samuel estaba impresionado. Además, puede encontrar más datos como cuantos cuadros hay en el museo, cuadros similares, detalles del autor, libros relacionados, donde adquirirlos y mucha más información. Todo de una forma fácil y sencilla de extraer. Mira alrededor y comprueba que al lado de cada cuadro hay una pantalla similar, que el museo ofrece dispositivos digitales y la descarga de una aplicación que contiene la misma información.

—Mi querido Samuel, ahora si me lo permites te haré las siguientes preguntas, ¿qué sabes de los datos de tu empresa?, ¿cuántos datos tienes?, ¿dónde están?, ¿cuánto valen?, ¿cuáles son las definiciones y las descripciones de esos datos?, ¿tienes diccionarios de los datos?, ¿tienes glosarios de datos?, ¿posees datos y términos de negocio de recursos humanos, finanzas, producción, de la cadena de suministro?, ¿tienes un inventario de los datos?, ¿tienes tus datos clasificados de forma que los puedas compartir y proteger? Dejalo ya te respondo yo, no tienes ni idea y nunca te has planteado si esto tiene algún valor —dijo David.

David comentó a Samuel que muchas personas en las empresas no saben el valor tan preciado que es tener información sobre el dato. Que todo esto se llama metadata y suele ser de dos tipos, el metadata de negocio para las personas como Samuel y el metadata técnico para las personas que codifican las aplicaciones y las bases de datos. David le cogió del hombro y le dijo que no se preocupara, que existía software especializado con Inteligencia Artificial que identifica y crea esos glosarios, diccionarios y clasifica los datos. Al final, el impacto de tener todo documentado se traduce en una reducción de riesgos y costes operativos porque todas las personas en la organización pueden buscar y encontrar los datos que necesitan y lo que significan. Esto provoca que el desarrollo y actualización asociado a las aplicaciones y sistemas sea más eficiente y de menor coste.

Samuel empezó a entender la importancia del dato en cualquier empresa. Es vital formular una buena estrategia, iniciar una estructura bien organizada con responsabilidades definidas. Hay un largo camino por delante pero antes debe comprender todas las áreas que forman el gobierno y la gestión del dato.

Conceptos a considerar

Cada vez me sorprendo menos cuando veo empresas líderes que no tienen lo que se denomina un catálogo de datos conocido en inglés como *Data Catalog*.

La información sobre los datos, que procesos de negocio usan que datos, las definiciones, donde se encuentran, que bases de datos existen, que aplicaciones los usan, está en la cabeza de los desarrolladores y otras personas de la organización, en documentos Word, en hojas Excel, en otros formatos o simplemente no existen.

Es muy difícil encontrar cualquier información relacionada con los datos. Por ejemplo, la descripción, la definición de un KPI, como se calcula, de donde vienen los datos necesarios para calcularlo, en que *scorecards* se encuentra y un largo etcétera.

El impacto económico es muy alto, muchas ineficiencias operativas, los recursos que conocen los detalles no están disponibles, es decir, información que se podría encontrar en segundos, se tarda horas incluso días.

No tener un catálogo de datos, un motor de búsqueda de los datos (*Data Discovery*) es inaceptable, es como comprarte un nuevo producto sin libro de instrucciones.

Afortunadamente ya estamos viendo que empresas que tienen un buen catálogo de datos, avanzan rápidamente hacia nuevos desafíos como el *datamesh* y la Inteligencia Artificial por citar algunos.

Capítulo 12

Hugo – Inteligencia Artificial en *Supply Chain*

Hugo aprendió el funcionamiento de la empresa que dirige cuando era un niño, por eso era su favorita. Le encantaba estar en la fábrica de los bombones y ver cómo se producían, a veces se montaba en los camiones con su padre y llevaban esas delicias a las tiendas y otros puntos de venta como grandes almacenes y supermercados. Se conocía el proceso de fabricación y la cadena de suministro como la palma de su mano. Muchas veces viajaba con su madre a países de América del sur para ver los campos donde crecía el cacao y otras materias primas. Observó durante años a las personas, sus diferentes estilos de negociación y como se usaba el poder para influir en las relaciones con productores, distribuidores y proveedores. En numerosas ocasiones criticaba el estilo de negociación de su madre basado en una relación de confianza. Él en cambio, prefería la influencia que ejercía su posición privilegiada de poder. Estaba convencido de que estas personas dependían de ellos.

Últimamente, ha oído como la Inteligencia Artificial impacta positivamente en la cadena de distribución y suministro. Sabe que, si implanta varias iniciativas de este tipo en la fábrica, su madre le dará todos las empresas y su hermano no obtendrá nada.

Hugo entró en la sala, los gerentes encargados de estas iniciativas de la consultora lo esperaban ansiosos para empezar la reunión. Todos le saludaron, el director del programa tomó la palabra.

—Estimados Hugo y Arturo, durante estas tres semanas hemos analizado todo lo referente a la fabricación de vuestros productos y a la cadena de suministro de vuestra empresa. Os queremos proponer varias áreas donde usar la Inteligencia Artificial y obtener el máximo retorno de la inversión —dijo el director.

—La primera se focalizaría en realizar la mejor predicción de la demanda de los productos y de todo aquello que esté relacionado con ellos, como costes de materias primas, ... Usaremos algoritmos avanzados de *machine learning*, incluiremos datos internos y externos en tiempo real para crear mejores predicciones. Incluiremos datos de venta, estadísticas de sitios web, indicadores micro y macroeconómicos, social media, análisis de sensibilidad, *footpath* y muchos otros, en fin, toda clase de datos. Crearemos lo que se conoce como un *DataLakeHouse* que será el principal repositorio de datos para la Inteligencia Artificial y para el análisis de lo que ha ocurrido, lo que está ocurriendo y lo que ocurrirá. La compañía podrá realizar análisis descriptivo, predictivo y prescriptivo de los datos para poder tomar las mejores decisiones de negocio; tanto por las maquinas, como por los humanos —explicó el director mientras observaba detalladamente las expresiones no verbales de Hugo.

—La segunda sería incorporar sistemas de gestión del ciclo de vida del producto conocido como *product life cycle management*. Estos sistemas capturan una gran cantidad de datos desde el diseño del producto, el uso, la cadena de suministro y las especificaciones del material, para incorporarlos en el *DataLakeHouse*. Los algoritmos de *machine learning* aportará mejoras en cada una de las fases del ciclo de vida. En el caso del diseño, la aplicación propone diferentes opciones de mejora cuando se diseña. En la parte de la cadena de suministro el uso de datos históricos sugerirá mejores vendedores, menos costes y ciclos más cortos de disponibilidad de las materias primas o los componentes del producto —dijo el director.

—La verdad que hasta ahora me gusta todo lo que oigo. Sé que vais a trabajar muy duro para cumplir mis expectativas. Tenéis todo nuestro apoyo. No vamos a escatimar en nada, esto es el presente y el futuro. Mi madre vivía en el pasado y no era capaz de tener la más mínima visión. Querida mamá, eras una persona con mucha suerte, afortunadamente serás testigo de mi superioridad intelectual y del fracaso de tu ojito derecho —dijo Hugo con desprecio y delante de todos.

Arturo y Hugo se despidieron y se marcharon de la sala.

El director miró a la empleada que siempre le realiza los comentarios incomodos.

—¿Qué es lo que quieres ahora? —preguntó el director. La consultora le respondió que ha indagado en detalle y que la compañía no tiene datos lo suficientemente buenos como para poder cumplir las expectativas y usar los algoritmos de forma eficiente. Los nuevos sistemas ERP, CRM y otros implementados hace unos años, no contienen el histórico de datos necesarios y que desconoce el estado de la calidad de los datos. Ha encontrado muchos errores en las pruebas que ella ha realizado.

El director la recriminó delante de todos la postura tan negativa y tóxica que transmite y la comunicó que en las próximas horas decidirá si la mantiene como parte del equipo.

Margaret, la empleada de la consultora, consciente de los grandes riesgos del programa, ha expresado lo que siente. El dato a nivel interno no es lo sufrientemente maduro para poder ser usado por los algoritmos. En su opinión, necesitan una estrategia del dato alineada a la de Inteligencia Artificial y ambas a la estrategia de la compañía. Margaret en paralelo ha llamado a su mentor para comentar sus inquietudes, escalar los riesgos y cambiar de programa y de equipo. No desea continuar con un director como el que tiene.

Conceptos a considerar

Nuestra vida profesional ha estado marcada por éxitos y fracasos. Un fracaso que experimenté hace tiempo fue en Inteligencia Artificial y se debió a la arquitectura. La compañía no tenía preparade una arquitectura que permitiera extraer los datos, procesarlos, ejecutar algoritmos de *machine learning* e integrar los resultados en el sistema de origen.

La coordinación entre el mundo del dato y la Inteligencia Artificial es fundamental, en este caso el fracaso se produjo por no tener una plataforma lista y aprobada en la organización con todos los componentes necesarios.

Aprendimos la lección, la nueva visión se planteó de forma corporativa y no de forma específica para una iniciativa en particular y para un departamento concreto.

Dicha visión provocó que la organización desarrollase una plataforma que soportara los componentes necesarios en la nube. Con dicha plataforma se consiguió abordar con éxito cualquier proyecto relativo al gobierno y gestión del dato, a la inteligencia de negocio, al análisis avanzado de la información y a la Inteligencia Artificial.

Capítulo 13

Samuel – Alta calidad

David, Samuel y Susana visitaron una de las fábricas de bombones acompañados por su directora y por su responsable de calidad. Delante de ellos les prepararon una muestra de todos los productos que fabrican; una variada gama de bombones, chocolate a la taza, chocolatinas, cremas, lenguas de gato y otras delicias. David comentó que una de sus debilidades son los productos con cacao.

—Me gustaría probarlos todos, aunque solo sea un mordisquito a cada uno. ¿me dais vuestro permiso? —pregunta David mientras Samuel suelta una carcajada.

—Claro que puedes, disfrútalos, te darán mucha energía y entenderás por que amamos este negocio —le contesta Samuel con una sonrisa.

David observa con la vista cada uno de los productos, los huele, prueba y saborea. En su cuaderno de notas escribe el nombre de cada uno y los datos relacionados al sabor, el tamaño, el diseño, los principales componentes, países de compra y otros detalles. Todos están sorprendidos, pensaban que solo estaba interesado en comérselos. Pasada una hora se dirige a la directora de calidad y la pregunta.

—¿Cómo sabes que no voy a intoxicarme después de todo lo que he probado y comido? —sonríe David.

—Tenemos rigurosos procesos de control de calidad y todos los certificados necesarios. Además, colaboramos con el gobierno facilitándoles todos los medios para que realicen todas las inspecciones necesarias. Solo trabajamos con proveedores y distribuidores que posean certificados de calidad. Tenemos un alto presupuesto para el departamento de control de calidad. Doña Emma siempre decía que la calidad conducía al éxito y por eso debíamos tener los mejores medios tecnológicos, unos excelentes profesionales y los procesos bien definidos. Nunca, nunca hemos tenido ninguna reclamación relacionada a la calidad de nuestros productos —responde la directora de calidad con una amable sonrisa y muy segura de sus argumentos.

—Tengo una pregunta para ti, mi estimable Susana. Tú

que llevas más de 25 años como CIO y que te encargas de los datos, ¿qué nivel de confianza tienes en ellos?, ¿tienes controles de calidad aplicados a los datos? ¿qué nos puedes contar sobre la calidad de los datos? —pregunta David.

—No sé qué decir, no tengo ningún KPI sobre la calidad de los datos. En este tema no soy una experta, lo que sí que tenemos es que cada departamento tiene personas expertas en validar y corregir los datos manualmente para los informes y estadísticas de la fábrica. Lo cierto es que estas personas emplean demasiado tiempo en estas tareas —contesta Susana con un tono muy afable.

Han pasadas varias horas y la reunión con los miembros de la fábrica ha terminado. David, Samuel y Susana agradecieron toda la información aportada y se marcharon para almorzar a uno de los restaurantes de la ciudad. Durante la comida comentaron lo impresionados que han quedado con la calidad de los bombones, chocolates y demás productos. David explicó lo importante que es establecer un programa de calidad del dato en toda la organización. Menciona lo importante que es la palabra programa ya que no es un proyecto que empieza y finaliza. Al contrario, la calidad del dato debe perdurar sobre el tiempo. David indicó que lo que la empresa hace para evitar los errores, se conoce como *The Hidden Data Factory*. Muchas empresas alrededor del mundo lo hacen de manera inconsciente, no hay malas intenciones, pero es una práctica con efectos muy negativos. Además, incide en que el coste de los datos de mala calidad puede cuantificarse, que existen varios métodos como la regla 1/10/100 y el conocido como *Friday Afternoon Measurement* por citar algunos. En una servilleta dibujó un diagrama con todos los participantes del ciclo de vida del dato que deben estar involucrados; los que crean los datos, los consumidores de los datos, los especialistas en las aplicaciones, en los sistemas y los dueños de los datos. David matizó que existen metodologías, software y especialistas en el área de la calidad del dato. Es un área donde se ve rápidamente el efecto de reducción de costes y de riesgos asociados al cumplimiento con las leyes y normativas.

David subrayó que muchas veces ha empezado con un problema de credibilidad en los datos y ha conseguido implantar un exitoso programa de gobierno y de gestión del dato. Indudablemente matizó que no se conseguirá nada si no se invierte adecuadamente y no se asigna un presupuesto apropiado. David reveló que una de las mayores satisfacciones de un programa de este tipo, es desarrollar cuadros de mando que permitan medir el número de errores, el porcentaje establecido en los que se acepta el error, el análisis de tendencias, las reglas de calidad de los datos y otras funcionalidades. Además, concluyó su discurso destacando que es fundamental identificar la fuente del error y los procesos de negocio afectados para poder valorar el impacto del *bad data*.

—Nunca pensé que la calidad del dato podría tener un efecto tan negativo en nuestros costes, en los procesos operacionales y de negocio. Trabajaremos todos en el desarrollo de un programa que minimice el impacto poniendo todos los recursos necesarios. No podemos continuar haciendo las cosas de este modo. Quiero conocer y saber cómo es la calidad de cada dato que usamos en nuestra empresa y que acciones tomaremos para remediar este lastre —dijo Samuel.

Conceptos a considerar

En mis conversaciones sobre el dato con los diferentes departamentos, siempre les hago la pregunta ¿confías en los datos que utilizas?

Muchos dicen «no». Esta respuesta nos abre muchas

puertas para implementar rápidamente una buena estrategia del dato, porque nos centramos en un problema concreto.

Otros dicen «si confío en los datos», lo que nos pone un reto por delante.

Mi inmediata pregunta es ¿cómo sabes que tus datos son correctos?, ¿tienes implantado un sistema de calidad de datos? En la gran mayoría de las ocasiones la respuesta es «no tenemos un sistema de calidad, pero sabemos que son buenos». Esto en mi opinión, es engañarse a sí mismo.

Para empezar a conocer como es la calidad de los datos, debemos identificar los sistemas que tenemos, los procesos de negocio asociados a esos sistemas y a esos datos, la tecnología disponible y las personas que participan durante el ciclo de vida del dato.

Después aplicar técnicas de *data profiling* que nos proporcionaran estadísticas sobre la calidad de los datos y detalles de los errores.

Una vez identificados los errores, hay que evaluar el impacto que tienen en el negocio, priorizar y analizar las causas de estos errores.

Quizás un país como Australia se repite mucho porque la persona que realiza la selección del país de procedencia del cliente en la pantalla de su ordenador, siempre selecciona la primera opción que aparece en la lista de países, por poner un ejemplo. Este error es determinante a la hora de realizar segmentaciones de clientes, predicciones, ...

En un programa de calidad del dato, es necesario crear cuadros de mando para analizar su evolución, si el número de errores decrece, se mantiene, o crece a lo largo del tiempo. Existen herramientas y metodologías de calidad del dato que ayudan a identificar y eliminar los errores de forma automática. Mi consejo, debes implantar un programa de calidad de datos en vuestra empresa, un programa, no un proyecto.

Capítulo 14

Hugo – Nuevos bombones

Hugo y Arturo entraron en una sala de reuniones de la última planta de las lujosas oficinas de la consultora en Geneva. Ambos viajaron el día anterior y fueron invitados a cenar en uno de los más ostentosos restaurantes de la ciudad. Durante la cena el presidente y el máximo accionista de la compañía transmitieron a Hugo su compromiso en el proyecto llamado *Bombones inteligentes*. Todos reconocen que es una iniciativa revolucionaria en el sector para crear unos bombones, donde absolutamente todo, ha sido creado y diseñado por la Inteligencia Artificial, desde la creación de la formula, pasando por el diseño de la forma de los bombones y terminando por la selección del color, logotipo, gráficos y la forma de las cajas.

—Estimados Hugo y Arturo, hoy queremos mostraros las técnicas y el método que vamos a seguir en el proceso de elaboración de la fórmula de los bombones inteligentes. Primero contamos con la presencia de un equipo formado por expertos en chocolates, como sabéis Suiza es uno de los líderes mundiales en este campo. Ellos probarán y aceptarán la calidad del producto. La Inteligencia Artificial identificará cada uno de los ingredientes que formaran parte de la fórmula coleccionando los datos de libros especializados, blogs, páginas web, videos y diverso material de plataformas de internet y de otros canales dedicados a la elaboración de dulces elaborados con chocolate y cacao. Utilizaremos diferentes formatos de datos, estructurados de las bases de datos, semiestructurados de ficheros texto/excel/csv y no-estructurados de ficheros de video, de imagen, de voz y demás. Los algoritmos de *machine learning* procesarán la información y generarán la primera fórmula de bombones creada totalmente por la Inteligencia Artificial. El diseño de las cajas, logos, colores será la guinda al proyecto. El equipo técnico del proyecto, nuestros líderes, científicos de datos, expertos en Inteligencia Artificial y programadores harán que la tecnología usada y los componentes creados funcionen al unísono, la solución será un rotundo éxito.

91

Esto tendrá un efecto inmediato en la reducción de personal y un impacto en la reducción de costes. Adicionalmente, te ofrecemos un modelo de producción y de soporte *offshore* para realizar cualquier mantenimiento de la solución que necesites. Tu madre Hugo estará muy orgullosa de ti al ver como superas sus expectativas —dijo el presidente de la consultora.

Hugo confiaba plenamente en el presidente y el equipo. La consultora, por su parte, consideró un éxito el nivel de compromiso alcanzado y la estrategia de venta. El director de la consultora sabía que el éxito le proporcionaría nuevos clientes, nuevos contratos relacionados a la Inteligencia Artificial en sus actuales clientes y el tan ansiado ascenso a socio. No le importaba los importantes riesgos descubiertos por su equipo sobre la baja calidad del dato, pero estaba convencido de que no le afectaría ni a él, ni a su empresa a corto plazo. Su empresa y él eran expertos en manejar este tipo de situaciones. Para entonces ya se habrán ganado toda la confianza y propuesto la imperiosa necesidad de implementar una adecuada estrategia del dato que incluya el gobierno y la gestión del dato. Esto les salvaría en caso de tener alguna denuncia e ir a juicio.

Conceptos a considerar

Existe un gran optimismo en todo lo que rodea a la Inteligencia Artificial.

En este capítulo vemos como el caso de uso que se menciona, sustituye los procesos manuales por procesos totalmente automatizados, remplaza la creación humana por una creación totalmente realizada por máquinas y utilizando todos los formatos de datos existentes, datos estructurados en bases de datos, semiestructurados en Excel y no estructurados en imágenes, vídeos, ficheros de voz, ...

El problema principal es que no se tiene en cuenta a los que participan en el proceso productivo en la organización.

El conocimiento de todo el proceso se confía en una empresa externa y no se considera al personal de la compañía, a la experiencia interna.

Se omiten procesos muy importantes como la calidad del producto final, normativas y leyes por citar algunos, lo que puede poner en riesgo a toda la organización.

Por último, no se han considerado todos los datos y variables que son imprescindibles en el proceso de creación y de producción.

Capítulo 15

Samuel – Un nuevo lenguaje de palabras y símbolos

David pidió permiso y entró en el despacho de Samuel. En estos momentos estaba reunido con el responsable de recursos humanos. En el monitor de la pared de su despacho pudo ver unos planos, parecían del interior de la oficina.

—Hola David, buenas tardes. Vienes en muy buen momento, estoy trabajando en un nuevo diseño de esta planta para que podamos trabajar de una forma más eficiente, colaborativa y divertida. Quiero modernizarla, el color, el mobiliario, la decoración, no me gusta nada. Deseo que podamos trabajar aplicando metodologías *agile* y que la comunicación fluya entre todos. Eliminaremos paredes, tabiques y todo aquello que nos estorbe. ¿Qué opinas?, ¿quieres formar parte? —preguntó Samuel con cara de emoción.

—Te has adelantado, de hecho, te quería proponer lo mismo, ya que veía muchas ineficiencias para poder trabajar de una forma rápida y con calidad —contestó David cogiéndolo del hombro y haciendo un gesto de complicidad con el pulgar hacia la directora de RRHH.

Los tres trabajaron durante horas en el diseño de la planta de la oficina. Como parte del equipo contrataron a un experto en decoración, quien realizaría los cambios y proporcionaría el mobiliario. Tras una larga jornada, Samuel y David se marcharon a descansar.

—Buenos días Samuel, tienes que venir a la dirección que te he mandado en el móvil, hoy vamos a jugar a algo muy divertido y que te va a ayudar a entender la importancia del concepto conocido como los modelos de datos —dijo David.

—Samuel saludó a Susana, a Tony y a David. David convocó a todos para la ocasión y pidió a Tony que se uniera al grupo. Es el técnico experto en las bases de datos de la empresa. Los cuatro entraron en un local especial, es un lugar donde había una estancia vacía muy grande, de unos 200 m2. Una persona se acercó a ellos sonriendo.

—Muy buenos días, mi nombre es Marisa y voy a explicaros la primera de las pruebas que tenéis que realizar. Como podéis ver en la sala hay tornillos, objetos de madera, telas y herramientas de ensamblaje. Todo está esparcido por la sala y muy desordenado. Tenéis que montar, ensamblar y decorar todo en dos horas. ¡El juego empieza ya!

Todos llegan a la sala y observan el caos, hay tornillos por todos lados, maderas que parecen patas de mesa, de silla, tablas, listones de madera, telas como si fueran cortinas, fotos, pinturas, marcos para cuadros, para fotos y otros materiales.

Lo primero que hacen es organizarse para agrupar los objetos que son similares por material, forma y tamaño. Es una tarea complicada sobre todo por la cantidad de tornillos y piezas pequeñas de ensamblaje. Después de una hora han conseguido agrupar e identificar el material, los tornillos, otras piezas de ensamblaje, las patas de las sillas, los respaldos, los asientos, las patas de cada una de las tres mesas, los tableros, los cuadros, los portafotos, las cortinas, los componentes del sofá y otros objetos que se necesitan para la decoración. Todos continúan trabajando hasta que el tiempo se termina. Únicamente han sido capaces de terminar el ensamblaje de la mesa del comedor, tres de las cuatro sillas y el sofá.

—La verdad que este era un reto muy complicado. Veremos si conseguís superar la segunda prueba —comentó Marisa sin perder la sonrisa.

—Tenéis que hacer lo mismo, pero hemos cambiado las normas. Como podéis observar ahora todo esta ordenado por cajas, donde podéis ver la forma de cada mueble y cada objeto. Dentro de las cajas tenéis los planos de montaje y todos los componentes similares están agrupados en pequeñas bolsas o cajas. Además, os proporciono el diseño del salón con cada objeto. Espero que ahora os resulte todo más fácil. ¡La segunda prueba empieza ya! —gritó Marisa a la vez que daba palmas.

Todos miraron el diseño del salón y dividieron cada tarea. David y Tony serían los encargados de poner los tornillos y ensamblar las piezas. Susana y Samuel miraban las instrucciones, ensamblaban las piezas y colocaban el mobiliario según el diseño. En una hora y media todo estaba terminado y perfectamente colocado. Marisa les aplaudió y todos se abrazaron. Ahora como premio disfrutarán de una excelente comida.

—Espero que el reto os haya gustado. Preparé y

seleccioné este juego para poderos explicar el concepto de que es un modelo de datos. Tony me dijo que en vuestra empresa no hay ningún modelo de datos y que toda la información relativa a las bases de datos permanece en la cabeza de los programadores. Esto es un riesgo y una ineficiencia que no debes tolerar Samuel si quieres dotar a tu empresa de una fortaleza diferencial respecto al dato. La primera parte del juego representa a vuestra empresa ahora. Todo está disperso y desorganizado, empleáis mucho tiempo para poder crear y modificar aplicaciones informáticas que usen datos. El modelo de datos tiene tres componentes, pero me centraré solo en uno para que lo podáis entender. Me refiero al modelo de datos conceptual, a mí me gusta llamarlo modelo de datos del negocio. Este modelo permite que los usuarios de negocio y el personal especialista en fuentes de datos se entiendan, es parecido al diseño del salón. El salón es una parte del diseño del modelo, es como un área de negocio como puede ser la de compras. El salón se compone de mesas, sillas y cuadros. Las mesas tienen patas, tornillos, tuercas. Las sillas están relacionadas con la mesa y el sofá se relaciona con una mesa pequeña. Todos los objetos se relacionan y se ubican en una posición para crear una excelente decoración de un salón/comedor de una casa. En el diseño conceptual del modelo tu podrás ver tus planos y en ellos tu incluirás lo que denominamos las entidades del dato. En este juego son las mesas, las sillas, los sofas, las patas y los tornillos. Existe otro concepto que son los atributos de cada entidad del dato. Los atributos son el color, la fecha de fabricación y el material. Por último, hay que añadir las relaciones entre las entidades, sabemos que el tornillo pertenece a una pata y esta pata pertenece a una mesa. En los próximos meses trabajaremos para tener un modelo de datos para la compañía, un modelo enfocado a la industria del chocolate, al que todos los empleados puedan acceder y entenderse entre ellos. Tener un buen modelo de datos en la compañía reduce los costes operacionales y los riesgos en gran medida. Ya os pasaré un desglose con el detalle de todos estos beneficios. Pero ahora necesito llenar mi estómago vacío —dijo David mientras se daba palmaditas en la barriga

Conceptos a considerar

Todas las empresas tienen un modelo de negocio, pero una gran mayoría de ellas no tienen modelos de datos. Un modelo en el caso de los datos es una representación de manera gráfica de los mismos.

Existen tres tipos de modelos de datos; el conceptual, el lógico y el físico que cito como referencia.

Los modelos de datos ayudan a entender conceptos alrededor de los datos, por ejemplo, separar conjuntos de datos por dominios como son los de financiero, comercial y ventas, salud y seguridad en el trabajo, recursos humanos, etc.

También incluyen las entidades del dato como las organizaciones/compañías, los productos, los servicios, los clientes, las materias primas y las relaciones entre dichas entidades.

Por último, contienen los atributos del dato como son el nombre del cliente, el apellido, la fecha de nacimiento. Los modelos del dato sirven para que las personas y los departamentos se entiendan entre sí y hablen un mismo lenguaje.

Usuarios de Negocio y personal técnico usan estos

modelos para entender que datos necesitan y existen en las bases de datos, como se asocian y se relacionan entre sí.

Los modelos de datos reducen costes de desarrollo y mantenimiento de los sistemas de información y son necesarios para la Inteligencia Artificial.

El gran obstáculo que me encuentro en las organizaciones es que los desarrolladores de bases de datos ven que deben cambiar la forma en la que trabajan, que el conocimiento que tienen en su cabeza debe compartirse, estandarizarse, documentarse. Esto les hace creer que ya no van a ser imprescindibles.

Capítulo 16

Hugo – Primeros resultados de éxito

Hugo y Arturo entraron en una de las salas de reuniones de la compañía. El director de la consultora les saludó. Juntos bromeaban sobre el resultado del partido de fútbol del fin de semana en el que ganó el equipo patrocinado por la empresa de Hugo. El director le agradeció la invitación al palco donde disfrutaron del espectáculo futbolístico. Después de unos minutos de conversación, el director pidió permiso para empezar la presentación y conectó el monitor.

—Hoy podemos hacerlo oficial, desde hace semanas la Inteligencia Artificial ha sustituido completamente todos los procesos de selección de personal que se realizaban manualmente por humanos en tu empresa. Hemos eliminado el 90% de los costes, todas las valoraciones subjetivas y sesgadas de los entrevistadores. A continuación, os explico los detalles —dijo el director a la vez que pulsó el botón del puntero laser.

—Todos los currículums enviados en formato texto son leídos, interpretados y clasificados para pasar a la siguiente fase. Para hacéroslo fácil de entender, hay un programa que lee los textos, busca palabras, frases clave y los selecciona dependiendo de la descripción del puesto y otros requisitos del puesto requerido. Automáticamente se envía un mensaje por Whatsapp y un email con un link para realizar una entrevista. El candidato debe descargarse una aplicación para el móvil. Una vez el candidato desea realizar la entrevista, se conecta a la aplicación y un robot habla con el candidato por la pantalla y graba toda la entrevista. La solución funciona las 24 horas del día los siete días de la semana. A los candidatos se les concede un máximo de tres días para realizar la entrevista. La Inteligencia Artificial utiliza técnicas de análisis de sentimientos para encontrar el mejor talento en la organización. Una vez acabado el proceso de entrevistas, se contacta con el candidato vía email, mensaje o mediante la llamada de un robot indicándole que el detalle de la oferta de trabajo se encuentra en la aplicación. Una vez se acepta, se envía el contrato y la aplicación le indica su sitio de trabajo y los siguientes pasos a seguir para conocer a sus compañeros y superiores. En el caso de no superar el periodo de prueba, recibirá un mensaje, se le denegará el acceso, sus pertenencias se le enviarán a su domicilio y se le retirará el teléfono móvil, el portátil y otros dispositivos de la empresa. Como podéis ver en la pantalla, los ahorros de costes son muy elevados y mirad el perfil de las nuevas contrataciones. Sinceramente esto es un gran paso a nivel cuantitativo y cualitativo —dijo el director dirigiendo la diminuta luz roja del puntero laser hacia un gráfico con el desglose de costes.

—Esto es solo el primer paso. Seguiremos sustituyendo nuevos procesos y tareas realizadas por los trabajadores en el área de los recursos humanos, a tareas realizadas por robots y por la Inteligencia Artificial. Como ves hemos implementado otras ventajas. El proceso de funciona durante las 24 horas del día, los 7 días de la semana y los 365 días del año. Además, elimina muchos sesgos, burocracia, reduce los tiempos y el coste. Tu empresa será líder en innovación tecnológica, seréis la envidia de vuestra competencia —dijo el director.

Conceptos a considerar

La gran oportunidad que ofrece la Inteligencia Artificial es que las maquinas realicen las tareas ejecutadas de forma manual por los humanos. Por eso es importante considerar todas las tareas que forman parte de un determinado proceso de negocio y estudiar su posible sustitución por tareas que sean ejecutadas por esta disciplina.

Hay que tener en cuenta que los algoritmos que se usan para un determinado caso de uso se pueden reutilizar.

Cuando se acomete un programa de Inteligencia Artificial, hay que diseñarlo y ejecutarlo a nivel corporativo para aprovechar las sinergias de los componentes, para optimizar los costes y la propiedad intelectual.

Hace más de una década charlé con un gurú de esta tecnología. Me comentó que muchas de las soluciones implantadas no se iban a difundir, ya que era un activo muy valioso y un factor competitivo diferenciador.

Capítulo 17

Samuel – Proteger y compartir

David organizó una reunión en la sala del comité de dirección con Samuel, con Margaret del departamento de legal, con Lydia de ciberseguridad y finalmente con Susana.

Unos días antes, David y Samuel comieron con cada uno de ellos por separado. Querían conocer de primera mano, su opinión sobre los datos que manejaban y sus necesidades.

Antes de comenzar la reunión, todos los asistentes se sirvieron un delicioso, sabroso y espeso chocolate en unas tazas con las palabras «protégete, protégenos y protégelos». A todos se les obsequió con unas cajas de color negro. Su interior contenía bombones con los nombres de los asistentes en letras doradas y en relieve. Todas las cajas llevaban impresa el mensaje «comparte». Todos leyeron las palabras de las tazas y las cajas con atención. El chocolate caliente produjo una sensación de placer en cada uno de ellos. La palabra compartir provocó un efecto de generosidad y colaboración entre todos.

—Mis queridos colegas, disfrutar del momento. Como podéis ver, las tazas contienen las palabras protégete, protégenos y protégelos acompañados del logotipo de la empresa. Quiero que lo relacionéis con los datos. Todos nosotros tenemos que trabajar codo con codo para protegernos de los datos y para proteger a cada uno que los proporciona, los usa y los comparte. Lo mismo aplica a la información generada a partir de los datos. La protección de los datos empieza con las leyes, regulaciones, normativas y con la seguridad. Muchas empresas dejan toda la responsabilidad al departamento de informática o al de seguridad y esto es un grandísimo error. Cada día existen más leyes y normativas sobre los datos y la información, las empresas necesitan saber si las leyes les afecta y a que áreas de negocio. Cada dato en nuestra empresa debe estar protegido, conforme a las leyes y normativas. Únicamente se compartirán tanto a nivel interno como a nivel externo, si lo aprueba la organización. Solo las personas autorizadas deben acceder a ellos. Por estas razones debemos crear un grupo que trabaje juntamente con personas de cada uno de los departamentos implicados —explicó David.

—Nuestro objetivo final es que cada dato sea protegido dependiendo de su naturaleza. En nuestro caso agruparemos los datos en diferentes categorías dependiendo si el dato es personal, sensible, confidencial, secreto o público. Todas las personas de la organización que tengan acceso a los datos podrán saber que hacer para protegerse, protegernos y protegerles —concluye David

Los demás sonrieron y comentaron que nunca lo pensaron de esta manera, pero que tiene todo el sentido del mundo. Margaret indicó que tienen todas las leyes identificadas que se aplican a la empresa. Desconoce si han incluido todas las leyes relacionadas con datos, información, seguridad y de Inteligencia Artificial. La directora ya ha solicitado a su equipo que investigue todo lo que les pueda afectar y que esté relacionado con el dato y con las obligaciones gubernamentales. En caso de existir, se compartirán con ciberseguridad, informática y con David. David además les indica la necesidad de contratar un experto en protección de datos para dar soporte y que asuma las responsabilidades. David añade que todo se definirá como parte de la estrategia del dato y que todos colaborarán activamente. Ahora la empresa corre un gran riesgo de recibir sanciones por parte de las entidades regulatorias a nivel nacional e internacional.

Conceptos a considerar

Siempre digo que tres de mis mejores amigos en las empresas con las que he colaborado y asesorado son los departamentos de legal, ciberseguridad y auditoria.

En muchas ocasiones trabajo con el departamento de legal para identificar las leyes y normativas en las que se incluyen menciones a los datos. Por ejemplo, hace poco descubrimos una ley de ámbito nacional en la que se mencionaba que las empresas debían guardar los datos de los exempleados por un periodo de cinco años.

Otras leyes o normativas están relacionadas al ámbito financiero, de calidad y de protección de datos personales por mencionar algunos ejemplos. En los últimos años los gobiernos han publicado nuevas leyes y normativas sobre la Inteligencia Artificial.

Existen herramientas de catálogos de datos en el mercado, que permiten clasificar y relacionar cada dato con normativas y leyes.

Además, los datos se deben asignar a los diferentes *stakeholders*. Todo esto proporciona un excelente gobierno del dato.

Mi consejo para proteger la información y el dato es realizar un análisis de todas las leyes, artículos y normativas existentes que están relacionadas con el sector de la empresa. Una vez se han identificado los epígrafes y los documentos, hay que relacionarlos con cada término de negocio y cada dato existente en el catálogo de datos para protegerlos.

El departamento de seguridad de la información protegerá los sistemas. Las auditorías internas y las realizadas por terceros, comprobarán que no existen gaps.

Si los equipos trabajan de forma coordinada, la ética y legalidad del dato no se verá comprometida.

Capítulo 18

Hugo – Renovar la fábrica

—Produciremos los nuevos bombones en lo que llamaremos la fábrica inteligente. No habrá ningún proceso manual, todo debe ser automático y manejado por la Inteligencia Artificial. Podemos reducir el personal encargado del mantenimiento de las maquinas realizando un mantenimiento predictivo, que detecte cuando estas van a fallar. La limpieza en las máquinas debe ser realizada solo cuando sea estrictamente necesario y eso lo decidirán los algoritmos matemáticos. Todo será inteligente, la formula, la producción, el empaquetado, el almacenaje, la carga a los camiones, el mantenimiento, aprovisionamiento de materias primas y todo lo demás. Seremos los pioneros, los más avanzados tecnológicamente. Puedo ver los titulares, «la

111

Inteligencia Artificial fabrica bombones inteligentes». ¡Esta es nuestra visión! —dijo Hugo en voz alta levantándose de la mesa.

Los consultores se miraron entre ellos y comentaron a través de sus ordenadores la grandísima oportunidad que se les presentaba. Si todo sale bien tendrán un gran número de nuevos contratos y clientes. El socio les agradeció a Hugo y a Arturo su confianza y aseguró que todo sería un éxito. Que no escatimarían en los recursos tanto a nivel nacional como internacional. Hugo sabía que debería endeudarse para sacar su idea adelante y solicitó una propuesta rápida. Les exigió que se la presentaran en dos días. Hugo y Arturo abandonaron la sala y se despidieron con una euforia desmesurada que sorprendió a algunos de los consultores.

El móvil del socio vibró suavemente sobre la mesa, su semblante alegre se rompió abruptamente al leer el mensaje de uno de los miembros del equipo. Una mirada fija, seria, asomó sobre los bordes de sus gafas rojas, criminalizando al autor del osado texto. Demasiados comentarios fuera de lugar de la misma persona. ¿Cómo una empleada con menos experiencia que él se atreve a poner en riesgo un proyecto como este? Esto es una mina de oro. La ingenuidad y falta de conocimiento por parte de los responsables de la empresa les hará ser indispensables de cara al presente y al futuro —pensó el socio de la consultora.

Conceptos a considerar

Muchas organizaciones implementaron hace años soluciones de Inteligencia Artificial en los procesos de fabricación y de mantenimiento.

Muchas empresas fabricantes vieron la oportunidad de ofrecer nuevos servicios y productos relacionados con el mantenimiento de lo que fabricaban.

El consejo que doy cuando se empieza a pensar sobre el uso de esta disciplina, es que se debe ampliar el horizonte, no solo la reducción de costes y la eficiencia es importante.

La Inteligencia Artificial puede ser otra fuente de ingresos a través de la oferta de nuevos servicios, nuevos productos y colaboración con distintos socios y entidades gubernamentales.

Uno de los principales retos como he comentado a lo largo del libro son los datos, para poder usar los algoritmos hay que tener buenos, muy buenos datos y además tener una arquitectura que incluya, la arquitectura de negocio, la arquitectura de aplicación, la arquitectura tecnológica y la arquitectura de los datos.

Desafortunadamente muchas empresas y organismos gubernamentales no lo tienen, lo tienen solo parcialmente o lo que tienen es ineficiente.

Capítulo 19

Samuel – El lago de la verdad, los ríos de la sabiduría y la bola de cristal

David, Samuel, Susana, Lydia y otros directores han viajado a un conocido parque nacional. David ha organizado diversas actividades. Unos coches todo terreno les trasladaron a un valle con diversas charcas y un gran lago.

David repartió todas las cañas de pescar asignándoles unas charcas transparentes con peces a unos y un estanque con aguas espesas y oscuras a los otros. Algunos comentaron su mala suerte y otros se rieron de ellos en un ambiente sano y jocoso. Samuel debía recoger todo lo que se pescaba y meterlo en una caja grande negra y opaca. Solo Samuel vio lo que recogían de las charcas y estanques. El mismo Samuel fue quien se ocupó de hacer un registro detallado de todo lo que se pescaba, el lugar y la calidad del agua.

Pasadas unas horas David comunicó que la actividad había concluido. Todos entregaron las cañas y se tomaron con mucho humor el desarrollo de la prueba y los resultados de la captura sin indicar detalles.

Un paisaje verde, con altas montañas rocosas y un día azulado con algunas nubes blancas, animaba la marcha a lo largo de un sendero que solía ser usado por grupos de alpinistas. Una hora después llegaron a una explanada, donde unas barbacoas mostraron la fuerza del calor de las blancas y grisáceas piedras de carbón que contenían en su interior.

—¡Hora de comer lo pescado! gritó Samuel mostrando sus alineados y blancos dientes sin poder parar de reír.

Samuel extrajo de la gran caja todo lo pescado. Nadie pudo contener las carcajadas. Hubo caras de asco y expresiones de sorpresa al descubrir las zapatillas, toallitas de limpieza, sartenes, vasos de plástico, sapos, serpientes y demás objetos. Samuel indicó que solo un 10% de lo pescado se podía comer y provenía de un par de charcas de agua transparente y potable. La sorpresa general se produjo cuando David dijo que solo cocinarían y comerían ese 10%

los que lo habían pescado. Los demás se tendrían que conformar con unas sopas de sobre, incluidos Samuel y él mismo. Todos se lo tomaron con humor y con un espíritu sano de competitividad.

Terminado el almuerzo, todos descendieron hasta una zona donde un hermoso lago de aguas cristalinas mostraba diferentes especies de peces como salmones, truchas, esturiones, tencas, lucios, carpas, barbos y diferentes especies de cangrejos.

David explicó como varios ríos transportaban sus aguas y sus vivas riquezas al extraordinario almacén de agua y vida. Además, proporcionó detalles de cómo los otros ríos capturaban esas especies, como las enriquecían y transformaban con otros nutrientes para al final repartirlas a otros arroyos, lagos y mares. A todos les proporcionó un mapa y un dossier con cada uno de los detalles que necesitarían para la siguiente actividad. Cada uno debía elegir un rio, un arroyo o un lago. Durante unas horas cada uno estuvo pescando la especie asignada con la ayuda de un manual de cebos y técnica específica. Pesca de mosca, pesca continental, … Varios decidieron compartir un determinado lago y Samuel se encargó de recoger cada una de las capturas.

Una vez finalizada la actividad, se marcharon al hotel de montaña donde se hospedaban, se dieron una ducha y bajaron a cenar. De nuevo una amplia barbacoa mostraba su calor desafiante, ansioso de impregnar su barniz oscuro y sabroso sobre el pescado. Esta vez Samuel mostró unos sanos, esbeltos y maravillosos ejemplares listos para ser degustados, por esos estómagos hambrientos. Todos los participantes se abrazaron al ver el éxito de su jornada, sabedores del final de su tormentosa hambre. La cena se convirtió en un jolgorio, llena de conversaciones, simpáticos comentarios sobre el estilo y la escasa captura de peces por parte de algunos de los participantes. Alguno de ellos no pescó absolutamente nada y otros no pescaron la pieza asignada.

David se levantó explicando el motivo de las actividades realizadas durante el día. La primera actividad tuvo el objetivo de explicar como muchas empresas, que no son eficientes, trabajan ahora. Los departamentos no colaboran entre ellos y se nutren de malos datos. Datos procedentes de lugares que son como las charcas, unos datos erróneos y contaminados. La información producida por esos datos es inservible para cualquiera. Por eso solo los que consiguieron un pescado sano, pudieron almorzar y disfrutarlo en la barbacoa. Todos los demás se quedaron comiendo una desagradable sopa de sobre y algunos ni comieron. Los peces, es decir los datos, eran malos. No se tenía información y detalles sobre la salubridad del agua, que pez se encontraría y otra información crucial. En la segunda actividad dimos los detalles de cada uno de los lagos y ríos. El gran lago inicial hace referencia al concepto del *datalake*. Un sitio donde existen grandes cantidades de datos y en muchos formatos que vienen de los sistemas de origen. El datalake se asocia al concepto de bigdata al contener millones y millones de datos. A veces se utilizan estos datos para informes, estadísticas, análisis, informes, Inteligencia Artificial, etc. En los detalles indicamos otro lago, lo podemos asociar al concepto del *datawarehouse*. El *datawarehouse* es un lugar que contiene menos datos y tiene un diseño especial para realizar consultas, análisis, estadísticas, informes, cuadros de mando, Inteligencia Artificial, ... Este diseño especial favorece el análisis de los datos. Los ríos serían los *pipelines*, que parten de los sistemas de origen y del gran lago (*datalake*) transportando los datos que necesitamos. La barbacoa simula los cuadros de mando e informes analíticos que ayudarán a tomar la decisión de que pescado comer. Esto es lo que se debe implementar en la organización, una solución de datos, informes y análisis a la que todos los departamentos puedan acceder. Un lugar con datos de calidad, creíbles y listos para producir informes y análisis que ayuden a tomar las mejores decisiones de negocio. Además, esto debe ser la fuente de datos a utilizar de cualquier iniciativa de Inteligencia Artificial. Algunas organizaciones lo han definido como *The Data and Analytics Hub* y requiere la colaboración de todos.

Conceptos a considerar

Todavía compruebo con estupor como las personas y los departamentos de las empresas luchan internamente por el poder del dato.

El dato es mi dato y me hace poderoso. Me apena ver que el dato no está democratizado o que estos no existen en un repositorio común donde todos los miembros de la organización puedan acceder a consultar y trabajar con los datos a los que están autorizados.

Muchas organizaciones han creado maravillosos repositorios de datos, esto les hace ser lideres. En cambio, otras muchas no lo ven como una necesidad imperiosa.

Ahora es mucho más fácil que hace más de veinticinco

años cuando trabajaba con cuadros de mando realizados en el sistema operativo MS-DOS.

Yo empecé creando lo que se conoce como datamarts en MS-DOS, y he conocido todo el avance que ha sufrido el mundo del dato y el de la Inteligencia Artificial.

Para finalizar, quiero mencionar la importancia de los conceptos *Datalakehouse (Data Lake* y *Data Warehouse)*, el de *Data Fabric* y el de *Data Mesh*. Estos conceptos son fundamentales para la democratización del dato.

Capítulo 20

Ganadores y perdedores

La carrera por crear valor fue frenética para ambos. Dos compañías hermanas en el mismo sector, el de los bombones, trazaron hace tiempo estrategias diferentes.

Los dos hermanos han sido convocados por Doña Emma a diferentes reuniones donde presentarán los resultados y cada una de las estrategias. De ellas, se decidirá el próximo dueño del imperio creado por ella y su fallecido marido. Habrá un vencedor y un vencido.

La primera de las reuniones se celebró durante un miércoles, en ella estaba Hugo acompañado por Arturo, varios socios de la consultora, doña Emma y un grupo de expertos encargados de analizar y confirmar el valor de negocio creado por la estrategia formulada por Hugo. Las principales conclusiones del informe de valoración presentados por los responsables de la transformación fueron:

- Un aumento de los beneficios en 2,3 millones de euros.
- Una mejora de la eficiencia en un 50 %.
- Una mejora del valor de la marca debido a que la Inteligencia Artificial es el artífice de la creación y distribución de unos nuevos y sabrosos bombones.
- Un incremento de 2 millones de consumidores activos.

La estrategia definida y la ejecución se basó en la incorporación de varios casos de uso de Inteligencia Artificial para:

- Reducir los costes.
- Mejorar los procesos operativos y productivos.
- Crear nuevos productos.

—Como puedes comprobar mi querida madre, no vas a tener más remedio que admitir mi extremada valía, visión y conocimiento del negocio. Siendo sincero, creo que debías haber asumido el cambio hace varios años y darme el mando. No has hecho nada más que perder el tiempo y tratar de justificar algún tipo de justicia entre nosotros a la hora de elegir un sucesor. Siempre pensé que no eras lo suficientemente buena para este negocio. Es más, creo que tenías un entorno que funcionaba solo desde hace muchos años y se debía a papá. No te queda otra que darme lo que me pertenece, lo que he hecho es espectacular —dijo Hugo con arrogancia y desprecio hacia su madre.

Doña Emma sintió como un puñal lleno de ego, odio y vacío de amor mató el aprecio que sentía por Hugo. ¿Cómo era posible que hubiese criado a tal monstruo? Sin mediar palabra se levantó de la mesa y abandonó la sala con los ojos tristes, húmedos y apagados. Nunca se imaginó un desenlace como este, había perdido el amor de un hijo o quizás nunca lo tuvo. Esa noche no durmió nada pensando en el terrible error que había cometido al dar la oportunidad de poseer su legado a un ser sin escrúpulos.

Al día siguiente Samuel y su equipo directivo incluyendo a David al que nombró director ejecutivo del área del dato, análisis de la información e Inteligencia Artificial esperaron a doña Emma. En ella comentaron la excelente marcha de la compañía y el futuro prometedor de la misma.

Doña Emma y su equipo se sentaron y Samuel la abrazó con cariño y la besó con la dulzura que se besa a una madre. Su hijo se percató enseguida de que algo no iba bien. La preguntó que le ocurría, pero no hubo respuesta. Un trabado y largo «por favor, empecemos» pronunciado por su madre creo un ambiente de confusión y preocupación entre todos los asistentes.

A diferencia del día anterior, cada uno de los asistentes del equipo explicaron como:

1. Aumentaron los beneficios en 1,5 millones de euros y una predicción anual de mejora hasta llegar a los 7 millones en 3 años.

2. Mejoraron la eficiencia en un 25 % sin reducir la plantilla y expusieron una estimación para los próximos años.

3. Mejoraron el valor de la marca debido a la percepción de mejora de su tecnológica con grandes acuerdos de participación con socios estratégicos, de consultoría de negocio, tecnológicos y universidades entre otros.

4. Implantaron la protección de datos personales,

cumplieron normas y otras leyes relativas a los datos y transparencia informativa

5. Fueron reconocidos como una de las mejores compañías para trabajar por parte de los empleados.

6. Contribuyeron a la formación de futuros y existentes empleados con dotaciones de becas de estudio a nivel nacional e internacional en áreas del dato, la matemáticas, estadística, Inteligencia Artificial, empresariales y tecnología.

7. Incrementaron en más de un 1 millón a los consumidores activos.

—El éxito de estos resultados se basó en múltiples aspectos decididos y consensuados por cada uno de los directores y de los miembros de los grupos de trabajo de la empresa —indicó Samuel dando la oportunidad a cada uno de los asistentes a proporcionar más detalles.

—Definimos la estrategia del dato a nivel corporativo como base fundamental en el proceso de toma de decisiones y en los futuros desarrollos en el campo de la Inteligencia Artificial. Sin buenos datos, sin un buen gobierno del dato, sin valorar el dato como un activo empresarial no podremos obtener mejoras en los resultados de negocio y que son

parte de nuestra estrategia de expansión y crecimiento —
indicó David con claros ejemplos mostrados en la pantalla.

—Mejoramos la toma de decisiones a través de la
credibilidad y democratización de los datos. Utilizamos una
plataforma donde se incorporaron y prepararon los datos
necesarios para el análisis por parte de todos y cada uno de
los diferentes departamentos —matizó el responsable de
tecnologías de la información.

—Mejoramos los procesos de negocio y productivos
aportando y documentando la información necesaria acerca
de los datos de cada uno de estos procesos —exclamó con
alegría el director de operaciones.

—Hemos evolucionado, ahora tomamos decisiones a
través de la credibilidad y democratización de los datos —
expuso la directora de legal

—Creamos nuevas fórmulas para nuestros productos
usando la Inteligencia Artificial y verificando su falta de
toxicidad para el consumidor y el medio ambiente —detalló
la responsable de Investigación y desarrollo

—Querida mamá, hemos dado lo mejor de todos
nosotros confiando en obtener los mejores resultados y
continuar con tu legado. No sé si lo hemos conseguiremos,
pero si este maravilloso equipo triunfa, que sepas que

siempre serás parte de nosotros, que te mantendremos al día de la marcha de la compañía y de los futuros planes. Siempre podrás volver y seguir dirigiendo tu imperio —dijo Samuel con una sonrisa y guiñando el ojo derecho.

Doña Emma se fundió en un largo y fuerte abrazo con su hijo, lloró amargamente y le besó la mejilla.

—Te quiero mucho, ahora necesito estar sola —dijo su madre.

La frase pronunciada por doña Emma al abandonar la estancia retumbó en los oídos de Samuel. Al intentar seguirla se percató de que su madre había cogido uno de los ascensores, corrió angustiado, pero el ascensor cerró sus puertas dejándole inmóvil y profundamente preocupado.

Conceptos a considerar

He visto éxitos que se convierten en fracasos a los pocos meses sobre todo cuando se trabaja con prisa, sin metodología y al corto plazo.

Agradezco haber trabajado en muchos países con culturas muy dispares, en múltiples empresas, en diferentes programas estratégicos y tener experiencia de negocio, de tecnología y dirección de programas y proyectos.

Todos estos condimentos forman parte de la receta para el éxito, algo que no es fácil de conseguir a corto plazo y de mantener a medio y largo plazo.

El mundo del dato, del análisis de estos, de la toma de decisiones y la Inteligencia Artificial no es fácil. Sobre todo cuando los ingredientes principales no son de calidad, no son suficientes o simplemente se ignoran.

Epílogo

Pasados unos días Samuel recibió la noticia de que su hermano Hugo consiguió mejores resultados y tuvo que mudarse a vivir con su madre.

Doña Emma había cambiado, ya no era la persona alegre y con la energía de una jovencita. Samuel pensó que sería algo transitorio, pero habían pasado varios meses y no se recuperaba. El equipo que formaban Samuel y sus directores fue disuelto por Hugo y todos acabaron despedidos de forma abrupta y con falta de profesionalidad.

Pasaron varias semanas y Samuel decidió volver a ir de pesca con todos ellos llevándose a su madre con él. Doña Emma se encontraba mejor y había recuperado su energía y cierta alegría gracias a un coach de reconocido prestigio.

Tras una jornada larga de pesca y diversión, todos cenaron los peces y cangrejos capturados en el lago al que llamaban el *datawarefish*.

—¡Doña Emma, doña Emma, algo totalmente inesperado ha ocurrido! —gritó una voz conocida interrumpiendo la feliz velada y obligando a parar la música y el baile.

Todos dirigieron sus miradas hacia un hombre alto con los ojos sobresaltados. Era Ismael, el gran colaborador de doña Emma, quien muy nervioso y excitado, dijo que habían detenido a Hugo, que la policía estaba registrando y recabando información de *Luxury Chocolates* por supuestas ilegalidades. Además, que la empresa tenía otros problemas muy urgentes, una avería de las principales máquinas de la fábrica había obligado a parar la producción de sus productos y que la compañía estaba sumida en un escándalo de grandes dimensiones, debido a una intoxicación producida por los bombones inteligentes. El nombre de *Luxury Chocolates* y el de Hugo estaban en todos los telediarios, periódicos y redes sociales. Todo esto provocó el descenso dramático del consumo de todos los productos.

Ismael se encargó de la logística para volver a casa, los

coches todoterreno se convirtieron en coches de fórmula 1, el avión privado en un cohete y los vehículos que les trasladaron a la oficina en centros operativos de alto rendimiento y de colaboración con las autoridades y los medios de comunicación.

Doña Emma indicó que primero debían buscar las razones de las intoxicaciones e indemnizar a los afectados, segundo aclarar las causas de la avería de la fábrica y por último averiguar por qué Hugo fue detenido.

Tras varios días de intenso trabajo en equipo, Samuel comunicó a doña Emma que:

1. Hugo espiaba a los empleados para saber en quien podía confiar.

2. Compartía información personal y sensible de consumidores con otras empresas del grupo sin autorización. Infringió las leyes de protección de datos personales.

3. Borró datos del departamento financiero y otros, incumpliendo las leyes que indicaban periodos obligatorios de retención de datos

4. La fórmula creada por la Inteligencia Artificial contenía una combinación de aditivos que era perjudicial para la salud, provocando vómitos y

diarreas. Las fórmulas nunca fueron analizadas por los expertos del laboratorio y conformes a las leyes sanitarias debido a sus ansias por reducir costes de personal y demostrar el valor de la Inteligencia Artificial a toda costa.

5. El modelo creado para predecir el mantenimiento y fallo de las maquinas en la fábrica no tenía los suficientes datos para poder crear algoritmos fiables.

6. Asumió enormes riesgos al no escuchar los mensajes de consejeros, empleados, empresas colaboradoras y otros canales.

7. Su estilo de gestión basado en su única autoridad y la confianza en su consejero particular sumió a la empresa en un crecimiento exponencial del endeudamiento. *Luxury Chocolates* se encuentra al borde de la bancarrota.

8. Su ambición ciega, desconocimiento profundo de los componentes indispensables de la Inteligencia Artificial, un entorno de consultores caníbales y la falta de una elaborada estrategia del dato que incluya la gestión y el gobierno del mismo, provocó el fracaso en todas y cada una de sus decisiones de negocio e iniciativas llevadas a cabo.

9. Se rodeó de una compañía colaboradora con malas praxis y no quiso escuchar a la consultora de prestigio que le alertaron de los riesgos.

—Ahora mamá te toca decidir qué hacemos con Hugo, he reunido a los mejores abogados para poder sacarle de la cárcel —dijo Samuel cogiendo las manos de su madre.

—Tienes razón hijo, debemos reunirnos con ellos, pero para salvar a todas las familias e individuos que han sido y serán víctimas de su irresponsable forma de actuar.

—¡Y ese despreciable que se busque un abogado de oficio! —grito doña Emma golpeando con su puño la mesa de la sala

Jamás nadie en toda la organización, escuchó un grito tan fuerte y desgarrador.

Agradecimientos

Os aviso, no leáis esta parte antes de terminar de leer todos los capítulos y el epílogo. Contiene *spoliers*.

Antes de nada, quiero agradecer a mi familia la paciencia que tienen conmigo y su apoyo cuando les hablo de un nuevo libro y de un nuevo proyecto.

A Nuria mi mujer porque me escucha y revisa los primeros borradores.

A mis hijos Lydia, David y Macarena por darme sus puntos de vista sobre el estilo narrativo y porque en algún momento participarán y liderarán la traducción del manuscrito al inglés, tal y como hicieron en mi primera novela *HAINDS y la Mente Cuántica*.

A vosotros los lectores por motivarme a escribir, a pensar de forma diferente, a estrujarme el cerebro y tratar de convertir mensajes de negocio y técnicos en una historia narrativa.

Quería además remarcar que *LA CON$PIRACIÓN DEL DATO*, es sin duda un libro muy meditado, en el que deseaba transmitir muchos mensajes del entorno del dato de una forma fácil de entender. Mensajes de engaño, de desconocimiento, de poder y de con$piración. Mensajes negativos, a veces rozando la exageración, que nos hagan pensar en cómo debemos trabajar para hacer que nuestra organización sea una *Data Driven Organization*.

Consideré que el libro no debía ser técnico, debía ser narrado en un lenguaje en el que todas las personas, a todos los niveles en una organización, lo pudiera entender. El contenido muestra mi preocupación y frustración ya que el poder, el ego, la necesidad de las personas, no permite avanzar en la dirección correcta.

Es terrible ver como muchas compañías no consideran al dato como un factor crítico, no ven los riesgos, están completamente ciegos. Desde el CEO hasta el programador de una base de datos.

Por otro lado, quiero indicar que es esperanzador ver

como en muchos países y en organizaciones, el gobierno, la gestión y las normativas sobre el dato producen un efecto acelerador encomiable.

Por mi parte, quiero agradecer el apoyo de mis colegas de profesión, solo basta enunciar el título *LA CON$PIRACIÓN DEL DATO* para arrancar sonrisas, comentarios del tipo «que razón tienes» y deseos de leer el libro.

También quería agradecer a los que considero los malos, los que no saben y que cada día menosprecian a los que saben. Estos personajes son una verdadera fuente de inspiración, ya que me ayudan a superarme, a pensar, a leer más libros especializados y buscar alternativas para proponer mejoras.

Sin los malos, la vida profesional seria monótona y aburrida. Todo sería maravilloso y no existirían problemas con los datos.

Siempre pienso que hay que transformar lo negativo en positivo, no es fácil y requiere paciencia, lleva tiempo. En mi caso el leer, escribir, dibujar, hacer diseños digitales, estar con mi familia y hacer deporte me libera y me ayuda a desconectar del día a día.

Quiero comentaros que le he dado muchas vueltas al

diseño de la portada y al título del libro.

En la portada, la explosión del chocolate refleja el final de la historia y afecta a las dos organizaciones. Es una explosión motivada por unos condimentos y una receta (estrategia) mal elaborada y cocinada. Hugo define una estrategia muy mal diseñada y eso provoca la catástrofe, una catástrofe con un gran impacto en costes, por eso pensé en el símbolo del $ para el título.

En el título, la palabra conspiración es lo que veo a menudo. Muchos gobiernos y empresas mienten, manipulan los datos, las estadísticas. Desde que trabajo siempre he oído que información es poder, los datos ayudan a conspirar, a conseguir el ansiado poder y el éxito a corto plazo.

Por todo esto decidí el título *LA CON$PIRACIÓN DEL DATO* e incluí el símbolo del $ por el elevado coste que conlleva.

Para finalizar, espero que veáis este libro como una oportunidad de producir un cambio en vuestras organizaciones. Un cambio llamado «La In$piración del Dato».

www.ingramcontent.com/pod-product-compliance
Lightning Source LLC
Chambersburg PA
CBHW052321220526
45472CB00001B/211